KB185488

쓰기 공부법

일러두기

• 이 책에 나오는 반성적 쓰기 사례는 지은이 주영은 교사와 함께
반성적 쓰기를 공부했던 이정인 학생의 글입니다.
이 외 본문에 등장하는 아이들의 이름은 가명임을 밝힙니다.

• 이정인 학생의 글은 교정 없이 그대로 사용하였습니다.

아이에게 딱 맞는 학습법을 찾는 전략

쓰기 공부법

주영은 지음

국어 교사가
18년 동안
현장에서 가르친
쓰기 공부법

열심히 학습하는 내 아이,
무엇이 문제일까?

학생들의 수업 태도와 호응도가 올라가고
교과 성적 또한 우수해지는 것을 보며 반성적 쓰기가
효과적인 공부법이 될 수 있음을 확신하게 되었습니다.

메타인지를 담은 반성적 쓰기, 학생의 가능성을 열다

공부는 누구에게나 평생의 화두가 아닐 수 없다. 학창 시절에는 삶을 스스로 개척하기 위해, 학교를 졸업한 후에는 직업을 얻는 데 필요한 소양과 능력을 갖추기 위해, 직장에 취업한 후에는 업무를 위해, 승진을 위해 낭떠러지에서 나뭇가지를 붙잡듯 공부에 매달려야 하기 때문이다. 공부는 학교에 다니는 동안에만 하고 어른이 된 후로는 공부에서 해방될 수 있으면 좋으련만, 자녀가 학교에 입학하면 자신의 직접적인 경험과는 완전히 다른 새로운 공부의 세계에 발을 들여놓게 된다. 바로 자녀의 공부다. 부모로서 자녀의 공부를 바라보는 우리의 '공부 감정'은 망아지처럼 날뛰는 데다가 그 공부를 대신할 수도 없어 안타까움과 절

박함을 더 크게 느끼게 만든다. 자녀가 학업 과제를 척척 해결해 내면 우리가 100점을 받은 것처럼 흐뭇하고, 자녀가 그 과제 앞에서 쩔쩔매면 우리가 낙제 점수를 받은 것처럼 마음이 아프다.

우리가 자녀의 학업 성취를 지상 최대의 가치처럼 여기는 이유는 아마도 자녀들이 우리가 누리는 현재의 삶보다 더 나은 미래를 소유할 수 있기를 바라는 뜻 때문이거나, 우리가 현재 누리고 있는 현재의 삶을 자녀들이 계속 이어갈 수 있기를 바라는 뜻 때문일 것이다. 오랜 세월을 유배지에서 보냈던 다산 정약용 선생도 자녀들이 더 나은 삶을 영위할 수 있기를 바라면서 서울로 편지를 보낼 때마다 자녀들에게 공부를 게을리 말라고 권면하였다는 사실을 떠올려 보면, 이러한 마음은 동서고금을 넘나든다고 할 수 있겠다. 그래서 공부는 어쩌면 요람에서 무덤에 이르기까지 벗어나기 어려운 굴레처럼 보이기도 한다.

그렇다면 어떻게 해야 공부를 잘할 수 있을까? 어떻게 해야 학습 과제를 능수능란하게 해결하는 수준으로 성장할 수 있는 것일까? 또 부모로서 우리는, 더 나아가 교사로서 우리는 자녀들이나 학생들을 어떻게 도울 수 있는 것일까? 이런 질문에 대한 답을 얻기 위해 우리는 공부를 잘했던 학생들에게 경험을 묻기도 하고, 전문가들에게 전문적인 지식을 요청하기도 한다. 그러나 경험의 폭과 깊이에 따라, 전문 분야의 특성에 따라 답이 다른 경우가 많아 사실 갈피를 잡기 어려울 때가 많다. 학생들의 경험은 매우 예외적인 상황처럼 보여 모방했다가 자칫 실패하면 어떻게 하나 하는 두려움이 앞서고, 전문가들의 지식은 다소 추상적이어서 어디에서부터 무엇을 어떻게 시도해야 할지 모르는 막연함이 뒤따른다. 가령 '공부는 양(시간)이 중요한 게 아니라 질(몰입)이 중요하므로 최대한 주의를 집중하게 해야 한다'라는 전문가의 지침이 있는데, 우리가 몰라서 자녀들을 돕지 못하는 것은 아니지 않을까?

그러므로 공부 문제에 대한 좋은 답은 학생 경험의 단점과 전문가 지식의 단점을 넘어서는 해결책이어야 할 것이다. 이러한 해결책은 바로 주영은 선생님의 이 저작, 독자인 여러분이 지금 넘겨 보고 있는 이 책에서 발견할 수 있다. 공부 방법에는 왕도가 없으니 이 책에서 제시하는 대답이 가장 완벽한 방법, 단 하나의 방법이라고 할 수는 없겠지만 최선의 답이자 최적의 답이라는 점은 부인할 수 없다. 이 책에서 제시하고 있는 해결책은 학생들을 오랫동안 지도해 온 경험에서 비롯된 해답과 대학원 연구, 전문 지식 탐색 등 전문성을 바탕으로 한 해답이 상보적으로 결합되어 있기 때문이다. 공부 방법에 대한 실천적 경험과 전문적 지식을 종합적으로 제시하고 있다는 점은 이 책의 가장 큰 미덕이 아닐 수 없다.

공부도 학생들이 해결해야 할 문제라고 본다면, 공부를 잘하려면 학생들은 공부 문제를 효과적으로 해결할 수 있는 방법(공부법)을 갖추고 있어야 한다. 문제를 해결하는 데 필요한 방법을 흔히 '전략'이라는 말로 부르기도 한다. 그런데 학습 과제를 능숙하게 해결하는 상태, 즉 공부를 잘하는 상태에 이르려면 전략을 갖추는 것만으로는 충분하지 않다. 현재 적용하고 있는 전략이 적절한지 효과적인지를 따진 후 그것을 조율할 줄 아는 능력이 작동하지 않으면, 학습 과제의 능숙한 해결은 기대하기 어렵기 때문이다. 예를 들어, 글의 내용 이해와 기억을 위해 '의미 지도 그리기'라는 방법을 적용했는데 점검 결과 이 방법이 적절하지도 효과적이지도 않은 것으로 판명(판단)되었다면, SQ3R^{Survey, Question, Read, Retrieve, Review}로 구성된 5단계 독서법 같은 다른 방법으로 재빨리 조정을 할 수 있어야 한다. 효과적이지 않다는 사실을 알아채지 못한다거나(점검) 그것을 더 효과적일 것으로 생각되는 다른 방법으로 변경할 수 있게끔 조율하지 못한다면(조정) 학습 과제 해결은 불가능한 상황에 놓이게 된다. 이런 점에 주목하여 학습 전문가들은 공부 방법으로 전략과 메타인지를 강조하며, 이 중에서도 메타인지의 중요성을 상대적으로 더 강조하곤 한다. 일부 학습 전문가는 공부란 곧 메타인지의 활용이라고 주장하기도 한다.

주영은 선생님의 이 저작은 공부 방법을 제안하는 학습 안내서이지만, 다른 한편으로는 반성적 쓰기의 밑바탕이 무엇인지를 탐색해 온 과정의 기록이자, 반성적 쓰기를 교실에서 실천하며 그 지경을 확대해 온 경험의 기록이기도 하다. 그러므로 이 책을 읽는 독자 여러분들은 반성적 쓰기를 중심으로 하여 공부 방법에 대한 해답을 얻을 수 있을 뿐만 아니라, 학생들이 겪는 학습의 문제, 스마트폰과의존 문제 등을 심층적으로 들여다볼 수 있는 기회와 교실에서 전개되는 생생한 학생 활동의 모습을 포착할 수 있는 기회도 얻을 수 있다. 그래서 독자 여러분이 자녀의 공부 방법에 절치부심하는 부모든, 학생의 공부 방법에 노심초사하는 교사든 상관없다. 이 책은 어떤 형편에 있는 독자든 충분히 만족할 만한 내용과 정보, 지식과 지혜를 제공한다. 그리고 자녀들과 함께, 학생들과 함께 이 험난한 시대를 살아가는 부모와 교사를 지지하는 활기찬 응원가도 들려준다.

주영은 선생님과 나는 대학원에서 이 책의 키워드인 '반성적 쓰기'로 인연을 맺었다. 주영은 선생님이 대학원에서 반성적 쓰기를 연구할 때만 해도 우리 국어교육 학계에서는 이 방법에 크게 주목하지 않았다. 주목하기는커녕 반성적 쓰기라는 용어 자체가 익숙하지도 않았다. 그래서 반성적 쓰기는 매우 도전적인 공부 주제였음에도 불구하고 주영은 선생님은 이 주제에 매우 열정적으로 임했다. 주영은 선생님이 대학원에서 수행한 연구가 새로운 자극제가 되어 그 이후로 반성적 쓰기에 관한 연구 성과가 더 많이 쌓였다. 이러한 성과를 반영하여 국어과 교육과정에서는 반성적 쓰기를 작문(쓰기)의 과정을 평가하는 방법으로 제시하기도 했다. 지금도 반성적 쓰기는 작문 과정 평가 방법으로써 사고 구술(프로토콜 분석), 포트폴리오와 어깨를 나란히 하고 있다.

주영은 선생님은 대학원을 마친 이후로도 반성적 쓰기에 대한 탐색과 공부를 멈추지 않았던 모양이다. 미래 사회의 중요한 특징으로 꼽히는 평생 학습을 직접 실천해 왔다고나 할까. 대학원의 연구 주제도 유행을 타는 경향이 있어 대학원을 마친 이후로는 흔히 연구했던 주제에 관심이 소홀해지곤 하는데, 주영은 선생님은 반성적 쓰기로 이러한 저작을 내어 보이게 되었으니 10년 이상을 반성적 쓰기를 다루어 온 주영은 선생님의 끈기가 놀랍다. 그 시간 동안 교실에서 학생들과 함께 반성적 쓰기 활동을 유지하면서 반성적 쓰기의 이론적 토대가 무엇인지, 어떤 절차로 수행하는 것이 가장 적절하고 효과적인지를 탐색해 왔을 뿐 아니라, 반성적 쓰기를 뒷받침하는 인지적, 정서적 기제가 무엇인지를 탐구해 왔다. 그 결과 주영은 선생님은 이 저작을 통해 메타인지라는 인지심리학의 주요 개념을 기초로 삼아 그 위에 반성적 쓰기라는 집을 쌓아 올릴 수 있었다. 교육 분야의 저작에서는 '이론과 실제'가 들어가는 책 이름을 흔히 접할 수 있는데, 주영은 선생님의 이 책이야말로 이론과 경험의 융합, 이론과 실천의 결합을 탁월하게 보여 주고 있다.

그간의 인연을 잊지 않고 소중한 이 책의 발간을 알리면서 가장 먼저 탐독해 볼 수 있는 기회를 제공해 준 주영은 선생님에게 감사의 인사를 전한다. 이 책을 살피면서, 현재는 새삼 주요 연구 주제로 떠오른 국어과 기초 학력, 문해 부진(독서와 작문을 잘 수행하지 못하는 상태)을 살피느라 까마득히 잊고 있었던 반성적 쓰기를 다시금 학술적 고민의 한가운데로 이끌어 낼 수 있었다. 대학원에서 함께 반성적 쓰기를 공부하던 그때의 공부 감정도 함께. 그리고 앞으로도 이어질 주영은 선생님의 평생 공부를 적극적으로 지지하고 응원한다.

박영민(한국교원대학교 국어교육과 교수)

차 례

2장 메타인지와 반성적 쓰기 공부법

1. 공부와 떼려야 뗄 수 없는 메타인지

2. 반성적 쓰기 공부법의 이해

3. 반성적 쓰기 공부법의 활용

3장 반성적 쓰기 공부법을 도와주는 부모

1. 부모가 아이 공부를 대할 때 무엇을 실수하는가?

2. 아이의 공부 그릇을 키워 주세요

지난 2014년은 드디어 논문을 마치고 학위를 받은 의미 있는 해였다. 논문을 작성하기 위해 제자들과 함께 뜨거운 여름날을 보냈던 것이 기억난다. 열심히 연구한 것을 인정받아 우수 학위 상을 받기도 했다. 힘들게 고생한 보람이 있었다. 그때 내가 아이들과 함께한 연구의 키워드가 '반성적 쓰기'이다. 이 반성적 쓰기가 공부와 관련해 황금알을 낳는 거위였다는 사실을 알게 된 것은 꽤 시간이 지나서였다.

논문을 쓰던 그해 반성적 쓰기는 '쓰기 지도법'이었다. 듣기, 읽기, 쓰기, 말하기 영역을 가르치는 것은 국어 교사로서 피할 수 없는 숙명이다. 그때 나는 반성적 쓰기가 네 가지 국어 영역 중 쓰기를 지도할 수 있는 지도법이라 생각했다. 그런데 이후 10여 년 동안 중학생부터 고등학생에 이르기까지 반성적 쓰기를 함께 진행하면서 쓰기 지도법 그 이상의 가치가 있다는 사실을 알게 되었다.

반성적 쓰기를 진행하는 날은 다른 날과는 다르게 아이들의 수업 태도가 굉장히 좋았다. 아이들은 국어 수업이 재미있다는 반응을 보였다. 연말에는 쓰기를 잘 지도해 주셔서 감사하다는 편지를 받기도 했다. 또한 눈여겨보았던, 반성적 쓰기를 익숙해하고 잘 쓰는 아이들의 교과 성적이 학년이 바뀌었을 때 우수해지는 것을 보았다. 그 아이들을 통해 국어가 아닌 수학, 과학 등 다른 교과에서도 반성적 쓰기가 가능하다는 것도 알게 되었다. 반면 국어 시간에 반성적 쓰기를 한 줄도 못 쓰는 아이들, 시간 아까워 문제집의 문제를 하나라도 더 푸는 것이 성적 향상에 도움이 될 것이라고 말하고 행동하는 아이들, 학원에 의존하여 성적 향상을 기대하는 아이들의 교과 성적이 오르지 못하는 것도 지켜보았다.

사실 예상하지 못했던 결과였다. 처음에 대학원에서 연구한 반성적 쓰기가 기존의 쓰기 지도법과는 다른 것이라고 배웠고, 쓰기 지도법으로 기대를 한 것뿐이었다. 그런데 실제 현장에서 활용하자 반성적 쓰기가 효과적인 공부법이 된 것이다.

하지만 이 경험만으로 반성적 쓰기를 공부법으로 확대하여 설명할 수 있는 확신이 없었다. 나는 반성적 쓰기가 교과 성적을 견인하는 원동력이 되는 이유가 궁금했다. 또한 반성적 쓰기를 한 날, 아이들 수업 태도가 더 좋아지는 이유도 궁금했다.

이를 알게 된 것은 우연한 계기에서였다. 바로 〈EBS 부모특강, 0.1%의 비밀〉이다. 메타인지 연구로 유명한 컬럼비아대학교 바너드 칼리지 심리학과 리사 손 교수의 강의로, 성적이 우수한 아이들의 메타인지 활용에 관하여 설명하고 있었다. 강의의 핵심을 말하면, 성적이 우수한 아이들은 공부할 때 '모니터링'과 '컨트롤'로 대표되는 메타인지를 활용한다는 것이다. 프로그램을 보면서 '반성적 쓰기를 할 때 자신의 행동을 돌아보는 것과 모니터링이 생장히 유사하고, 그 해결책을 찾아보는 것이 컨트롤과 유사하네'라는 생각이 들었다. 그 후로 바로 '아하! 바로 반성적 쓰기가 메타인지를 활용하는 공부법이었구나!' 하고 깨닫게 되었다. 이후 메타인지와 관련한 다양한 서적을 찾아 읽으면서 더욱 확신을 갖게 되었다. 이후 나는 이 공부법을 '반성적 쓰기 공부법'이라고 명명하였다.

반성적 쓰기 공부법의 특징은 다음 다섯 가지로 요약할 수 있다.

1. 메타인지를 활용한 공부법이다.

2. 성공 가능성이 크고 실패 가능성이 낮은 공부법이다.

3. 사교육의 힘을 빌리지 않고 스스로 공부할 수 있는 공부법이다.

4. 국어 교과뿐만 아니라 다른 교과에도 적용 가능한 공부법이다.

5. 공부 감정에 대해서 긍정적인 역할을 한다.

　우리 반이었던 지영이의 복잡한 가정사를 굳이 언급하고 싶진 않다. 다만 14살 지영이가 꿋꿋하게 학교에 나와 제 역할을 다하고 지내는 것만으로도 감사하다고 생각했을 뿐이다. 학기 초 학교에서 만나는 지영이는 우울해 보였다. 조례 시간, 수업 시간, 쉬는 시간, 점심시간 등 학교에서 지영이가 친구들과 섞여 웃는 모습은 전혀 볼 수 없었다. 그런 지영이에게서 내가 희망을 놓지 않았던 것은 수업 시간의 모습이었다. 말수가 적은 지영이었지만 눈빛과 태도로 수업에 집중하고 있다는 것을 알 수 있었다. 지영이는 반성적 쓰기를 하는 날에 최선을 다하는 모습을 보였다. 지영이의 반성적 쓰기 노트를 내가 관심 있게 볼 정도로 열심히 작성하는 날들이 많았다.

　입학하고 나서 우울감에 빠질까 봐, 혹여 자신의 신세

를 한탄하며 학교에 오지 않을까 봐 걱정한 것이 무색할 정
도로 2학기 중간고사에서 지영이는 우수한 성적을 자랑
하였다. 그리고 자신감 있는 모습으로 학교생활을 해냈다.
지영이는 2학년이 되어서도 성적이 오르는 모습을 보였다.

　지영이는 사교육을 받을 수 없는 형편이다. 집에서 인
터넷 강의를 듣지도 않는다. 지영이는 내가 알려 준 반성
적 쓰기를 다른 교과에 적용하면서 스스로 공부했고, 우수
한 성적으로 중학교를 졸업하고 고등학교에 진학했다.

　지영이를 옆에서 지켜보면서 나는 굉장한 보람을 느꼈
다. 그리고 반성적 공부법에 대한 확신이 생겼다. 비싼 집
값을 치르더라도 대치동으로 이사를 가야만 바람직한 교
육이 가능하다고 믿으며 수능 만점자가 다닌 학원의 정보
가 수능점수 발표날 바로 기사로 뜨는 현실, 어릴 때부터
철저하게 공부관리를 받아야만 대학입시에 성공할 수 있
다는 생각. 반성적 쓰기 공부법의 가치는 바로 돈이 있어
야만 공부할 수 있다는 요즘 세태에 반하는 것임을 깨닫게
되었다. 대한민국에서는 더 이상 개천에서 용이 날 수 없
는가? 사교육비가 없으면 아이들은 공부를 그만두어야 하
는 것일까? 나는 그렇지 않다고 말하고 싶었다.

　나름대로 아이들과 열심히 반성적 쓰기 공부법을 진행
했지만 아쉬움이 남았다. 학교라는 특성상 학년 단위로 운

영되기 때문에, 나와 헤어지고 나면 아이들의 반성적 쓰기 공부법이 끝나 버리고 나머지 몫은 아이들의 과제가 된다. 지영이처럼 알아서 잘해 준다면 좋겠지만, 현실적으로 반성적 쓰기 공부법을 지속하기란 쉽지 않아 보였다. 그런 아쉬운 마음을 담아 이 책을 썼다. 아이들이 이 책을 읽고 반성적 쓰기 공부법을 이해하고 계속 실천해 주기를, 부모들도 반성적 쓰기 공부법에 대해 이해하고 조언해 주기를 바라는 마음을 담았다.

이 글은 전체 3장으로 구성되어 있다. 1장에서는 아이들의 공부에 대하여 살펴본다. 〈1. 아이들의 공부 현주소〉는 요즘 아이들이 어떻게 공부하는지 가까이에서 지켜본 관찰 내용이다. 아이들을 둘러싼 외부 환경, 아이들의 공부 모습, 아이들이 다니는 학교의 변화 움직임에 대해서 살펴보았다. 〈2. 성공적인 공부를 위한 조건〉에서는 내가 만난 최상위권 아이들의 공부 모습 중 공통적인 부분을 파악하여 그 내용을 정리하였다.

2장에서는 메타인지와 반성적 쓰기 공부법에 대해 다루었다. 반성적 쓰기 공부법의 기초가 되는 개념인 메타인지에서부터 반성적 쓰기 공부법의 탄생, 배경, 활용법 등을 담았다. 〈1. 공부와 떼려야 뗄 수 없는 메타인지〉에서는 공부와 메타인지의 연관성, 아이들의 발달 시기에 맞춰 메타인지를 활용해야 하는 이유, 교실에서 메타인지를 활용하는 모습과 한계점에 대해 다루었다. 〈2. 반성적 쓰기 공부법의 이해〉는 메타인지를 활용하는 공부법인 반성적 쓰기 공부법이 무엇인지에 대해 여러 각도로 서술하였다. 〈3. 반성적 쓰기 공부법의 활용〉에서는 반성적 쓰기 공부법을 단계별로 나누어 초보자에서 숙련자까지 활용할 수 있는 구체적인 방안, 그리고 숙련자들이 할 수 있는 응용편으로 나누어 제시하였다.

3장에서는 반성적 쓰기 공부법을 도와주는 부모 모습에 대해 살펴본다. 상위권 아이들을 관찰한 결과 부모로 대표되는 조력자들은 아이가 어렸을 때 바람직한 공부 습관을 형성하는 데 큰 도움을 주었다는 것을 알게 되었다. 〈1. 부모가 아이 공부를 대할 때 무엇을 실수하는가?〉에서는 주로 부모에 해당하는 조력자가 아이에게 하지 않았던 점, 부모가 아이의 공부에서 실수하는 부분에 대해 구체화하여 작성하였다. 이에 대한 해결책, 즉 부모가 아이의 공부를 대할 때 무엇을 어떻게 해야 하는지는 〈2. 아이의 공부 그릇을 키워 주세요〉에 담았다. 부모만이 줄 수 있는 아이들의 공부 그릇을 키우는 습관이 무엇인지 탐색하였다.

공부에는 왕도가 없다. 이 책을 읽기만 하면 바로 좋은 성적을 얻게 되는 마법 같은 일은 일어나지 않을 것이다. 다만 반성적 쓰기 공부법을 이해한 후에는 게을리하지 말고 실행하기 바란다. 미래의 어느 순간, 공부에 재미를 붙이고 효율적으로 공부하고 있는 자기 자신을 만나게 될 것이다.

이 책을 손에 든 독자분들이 진정한 공부의 첫 페이지를 열게 된 것을 축하한다.

주영은

1

아이들의
공부에 대하여

두 사람이 백 리를 가려 한다. 한 사람은 수레를 갖추고
마부가 길을 인도하게 하여 하루 만에 바로 도착하였다.
다른 사람은 여러 갈래의 지름길을 혼자 탐색하여
어렵사리 비로소 도달하였다. 나중에 그들로 다시
똑같은 길을 가게 하면, 후자의 사람이 전자의 사람보다
더 쉽게 길을 찾을 수 있을 것이다.

– 이익, 『성호전집 제49권』, 논어질서, 서문

1

아이들의
공부 현주소

디지털 네이티브 세대

긴 방학이 끝나고 다시 학교에서 아이들을 만났다. 오랜만에 아이들과 얼굴을 마주 보며 간단히 인사를 나눈 다음, 아이들에게 질문이 적힌 설문지를 나누어 준다. 질문을 하나하나 읽어 주면서 방학 동안 아이들이 어떻게 생활했을지 짐작하곤 한다.

"자, 모두들 방학 잘 보냈나요? 방학 동안에 읽은 책이 있으면 이 설문지에 적어 주세요. 그리고 하루 평균 몇 분 동안 책을 읽었나요?"

이 질문이 끝나면 조용하던 교실에 슬쩍 웃음을 머금은 눈빛들이 오간다. 용기 있는 몇몇 아이들은 손을 들고 큰 소리로 말한다.

"선생님, 아무것도 안 읽었으면 뭘 적어요? 저는 방학 동안 책 한 권도 안 읽었어요."

"선생님, 학원에서 문제집 푸는 시간도 포함인가요?"

이런 질문들이 나오면 아이들은 서로 안도의 눈빛을 주고받는다. 학원은 다닐지언정 책은 읽지 않는 아이들. 아이들의 질문을 뒤로하고 나는 계속해서 다음 질문을 던진다.

"자, 다음 질문이에요. 방학 동안 하루 평균 몇 분 동안 스마트폰을 사용하였나요?"

그러면 다음과 같은 아이들의 질문이 이어진다.

"선생님, 우리 엄마한테 이를 거 아니죠?"

"정말 솔직하게 적어도 되나요?"

아이들이 설문지에 적은 답변을 읽어 보면 사뭇 충격적인데, 해가 갈수록 그 충격이 커진다. 하루 평균 책을 읽은 시간보다 스마트폰을 사용하는 시간이 훨씬 많으며, 책을 읽은 시간을 0분이라고 적은 아이들도 심심치 않게 볼 수 있다. 어떤 아이는 스마트폰을 하루 평균 15시간을 사용한다고 답했다. 잠자는 시간을 제외하고 대부분의 시간 동안 스마트폰을 한다는 것이다. 이렇게 아이들은 스마트폰에 무방비 상태로 노출되어 있다.

이 현상이 내가 올해 근무하는 학교에서 만난 아이들만의 문제일까? 한국언론진흥재단의 2022년 12월 1일자 보도자료에 의하면 청소년들의 인터넷 이용 시간은 하루 평균 약 8시간으로, 2019년 대비 1.8배 증가했다고 한다.[1]

또한 우리나라 청소년 중 '과도한 스마트폰 이용으로 스마트폰에 대한 현저성이 높고, 이용조절력이 감소해 문제적 결과를 경험하는 스마트폰 과의존 위험군'은 2020년 35.9%, 2021년 37%, 2022년 40.1%로 다른 연령대에 비해 높고, 지속적으로 증가하는 추세라고 한다.[2]

지금 내가 만나는 청소년들은 디지털 네이티브Digital native 세대로 불린다. 디지털 네이티브란 우리말로 '디지털 원어민'을 뜻한다. 원어민Native speaker이 모국어를 자연스럽게 구사하듯, 디지털 원어민은 태어날 때부터 스마트폰과 컴퓨터 등의 디지털 기기에 둘러싸여 성장했기 때문에 디지털 기기를 자유자재로 활용할 줄 안다.

여러 디지털 기기 중에서도 스마트폰이 가장 우리 삶에 큰 영향력을 행사하고 있다. 스마트폰이 상용화된 시기

---

1   한국언론진흥재단 보도자료, 2022년 12월 1일
2   과학기술정보통신부, NIA한국지능정보사회진흥원, 2023

를 대략 2007년으로 본다면, 지금 내가 만나는 아이들은 스마트폰이 없는 세상을 본 적도 없다는 말이다. 현재의 기성세대는 스마트폰이 없던 과거를 기억하고 스마트폰이 지배하는 세상을 놀라워한 경험이 있지만, 그들의 자녀 세대인 디지털 네이티브들은 그런 기억과 경험 자체가 없다. 그들은 스마트폰을 공기와 같은 것으로 자연스럽게 받아들이고 있다.

> 전철 안에 의사들이 나란히 앉아 있었다
> 모두 귀에 청진기를 끼고 있었다
> 위장을 눌러보고 갈빗대를 두드려보고
> 눈동자를 들여다보던 옛 의술을 접고
> 가운을 입지 않은 젊은 의사들은
> 손가락 두 개로 스마트하게
> 전파 그물을 기우며
> 세상을 진찰 진단하고 있었다.[3]

위 시는 함민복 시인이 쓴 「서울 지하철에서 놀라다」

---

3   함민복, 「서울 지하철에서 놀라다」, 『눈물을 자르는 눈꺼풀처럼』, 창비, 2013

의 일부이다. 시인이 지하철에서 스마트폰에 빠진 사람들의 모습을 표현한 것에서 이 현상을 놀라움으로 받아들였다고 짐작할 수 있다. 하지만 지금 청소년들이 이 시를 읽으면 어떻게 생각할까? 태어날 때부터 부모가 스마트폰으로 아이의 탄생 과정을 영상으로 담고, 커 가는 과정마다 영상으로 저장한다. 생일 선물로 스마트폰을 요구하는 아이들은 스마트폰이 점점 더 업그레이드된 것만 기억할 뿐, 이 작은 물건이 없었던 시대에 대해서는 현실감이 전혀 없을 것이다. 디지털 네이티브 세대가 시작된 부모에게서 자란 아이들은 삶에 더 적극적이고 거리낌 없이 스마트폰을 이용하고 있다.

디지털 네이티브 세대에 대해서 전문가들의 평가는 양극단으로 나뉜다. 일부 전문가는 이들이 더 똑똑할 것이고, 온라인을 통한 소통을 중요하게 여기며 창의적이라고 말한다. 또 다른 전문가는 이들은 문해력이 떨어지고, 충동적인 성향이 있으며, 깊이 있는 사고를 하지 않으려는 성향이 있다고 말한다.

지금의 청소년들을 가까이에서 지켜보는 내 입장에서는 둘 다 맞는 말이다. 그들은 새로운 문화 및 기술에 겁 없이 도전하며, 재미를 굉장히 중요하게 여긴다. 조별 과제를 받았을 때 온라인으로 만나기도 하며, 발표물을 만

들 때 파워포인트로 대표되는 컴퓨터 프로그램을 사용한
다. 공부할 때 웹 검색을 하며, 세상에 존재하는 다양한 자
료들을 자유자재로 활용한다. 굉장히 감각적인 성향을 지
녔으며, 복잡한 것을 싫어하고 이를 단순화하게 설명 혹은
이미지화하는 것을 선호한다. 또한 기발한 아이디어를 내
며, 여러 정보를 통합하는 뛰어난 능력을 지니고 있다. 그
들은 개인적이고, 보이는 것에 민감하며, 세상의 즐거움과
정보를 자신의 것으로 만드는 능력을 지녔다.

　반면 이들은 한자어에 약하며 문해력이 굉장히 떨어진
다. 책을 읽으며 깊이 사고하는 것을 즐기는 아이들은 거
의 찾아볼 수 없다. 조금 어려운 내용이 있다고 판단되면
즉각적으로 하기 싫은 내색을 보인다. 공부할 때 전자기
기를 사용하는 편이며, 고전적인 학습을 하는 것을 좋아하
지 않는다. 자유롭고 경계가 없어 친구들이나 선생님들을
당황하게 하는 일도 일어난다. 자신에 대한 표현을 거리낌
없이 하고 새로운 것에 열광하지만, 구닥다리라 판단한 것
은 극도로 싫어한다.

　지금으로부터 18년 전 초임 시절에 만난 아이들과 지
금 만나는 아이들을 비교하면, 지금 만나는 아이들과 하는
국어 수업이 훨씬 힘들다. 이유는 단 하나, 어휘력 때문이
다. 요즘 아이들은 어려워하는 단어가 많다. 단어의 의미

를 설명하다 보면 한 시간이 지나간다. 단어에서부터 막히니 문장의 의미를 해석하기도 어렵다. 문장과 문장이 만나 이루어진 생각의 단위인 한 문단에서 중요한 문장과 중요하지 않은 문장을 찾아내는 것도 쉬운 과정이 아니다. 그래서 문단이 모여 완성된 글을 독해하는 것은 참으로 먼 길이 된다. 문해력이라 불리는 능력은 위의 과정을 거치는 것이다. 이 모든 과정에서 가장 큰 걸림돌은 어휘력이다. 우리말임에도 불구하고 아이들은 단어의 뜻을 이해하지 못한다. 나는 아이들이 단어의 의미를 모르는 이유를 명확하게 알고 있다. 바로 책 대신 들고 있는 스마트폰 때문이다.

아이들에게 글을 읽히면 잘 모르는 단어는 천천히 읽거나 어색해하면서 읽는다. 읽기가 끝난 뒤 아이들은 모르는 단어의 뜻을 묻곤 한다. 그 단어가 굉장히 어려운 것은 아니다. 수업 중 내가 설명한 단어들의 예를 들어 보면 다음과 같다.

- 정제精製: 물질이 섞인 불순물을 없애 그 물질을 더 순수하게 함
- 부산물副産物: 주산물의 생산 과정에서 더불어 생기는 물건
- 부유浮遊: 물 위나 물속, 또는 공기 중에 떠다님
- 침적沈積: 물 밑에 가라앉아 쌓임

동료 교사들과의 모임에서 아이들이 단어의 의미를 몰라서 생긴 에피소드가 대화의 주제가 된 적이 있다. 수업할 때 '고지식'이라는 말을 사용했더니 아이들이 높은 지식으로 이해하였다는 것이다. 이 말을 들은 다른 선생님도 비슷한 사례를 언급했다. '사흘'과 '나흘'이 며칠인지 모른다는 이야기, '금일'을 금요일의 줄임말로 이해하여 오해가 생긴 이야기, '오찬 모임을 가졌다'라는 말을 이해하지 못했다는 이야기들이 쉴 새 없이 나왔다. 이런 대화가 오가고 나면 허탈해진다.

스마트폰이 세상을 변화시켰다는 말에 많은 사람들이 동의할 것이다. 국어 교사 입장에서 분명하게 알 수 있는 것은, 스마트폰이 아이들의 국어 실력을 빼앗아 갔다는 것이다. 국어 실력이 위태로운 아이들이 쌓아 올린 다른 교과의 성적은 모래 위에 쌓은 성에 불과할 뿐이다.

공부의 양극화 시대

학교 교육과정 설명회가 끝나고 학부모 상담을 하는 날이다. 아이들이 없는 교실에 앉아 아이들의 학교생활, 공부 모습 등을 상담할 때마다 빠지지 않는 부모님들의 질문이 있다.

"선생님, 어떻게 하면 국어 성적을 올릴 수 있나요?"

"아이에게 스마트폰이나 게임기를 주지 마시고 책을 주세요."

이 질문에 나는 항상 같은 대답을 한다. 그때마다 부모님들은 대개 헛웃음을 지으며 말한다.

"선생님, 어떻게 게임을 못하게 하나요? 우리 애는 스마트폰이 없으면 큰일 나는 줄 알아요. 절대 불가능해요."

나 역시 동의한다. 하지만 책 대신 스마트폰을 쥐고 있는 아이들에게서 어휘력과 의미적 읽기 능력인 문해력을 기대하기란 힘든 일인 것도 분명하다. 스마트폰 세상에 빠진 아이들이 국어학원에 다니면 국어 능력을 올릴 수 있을까? 국어가 안 되는 아이들이 다른 교과 성적을 올릴 수 있을까?

요즘 아이들이 어떻게 생활하는지 살펴보면 대부분 시간을 스마트폰과 함께한다고 할 수 있다. 저출산으로 인해 또래 아이들이 없으므로 부모들은 손쉽게 아이들에게 스마트폰을 준다. 이것이 좋지 않다고 생각할지라도, 경제적 효율성을 따지면 이보다 더 좋을 순 없기에 이 선택이 마땅히 옳다고 생각한다. 스마트폰 세계에서 공부도 가능하다. 디지털 네이티브 세대의 부모들은 에듀테크의 혜택을 우리 아이들도 받아야 한다고 생각한다. 물론 과거처럼 얼굴을 맞대며 공부하는 것은 스마트폰에서 앱을 다운받는 것보다 훨씬 더 비싼 비용을 요구한다. 부모들은 더 스마트한 선택을 위해서 아이들을 자연스럽게 스마트폰 세계 안에서 놀고 공부하도록 한다.

내가 만난 학생 중에는 스마트폰에 중독된 아이들이 많았는데, 스스로 자각하지 못하고 있었다. 이 상태로 공부를 할 수 있을까? 손바닥만 한 작은 스마트폰 세계에는 게임, SNS, 숏폼 등 아이들을 유혹하는 콘텐츠가 가득하다. 하루 종일 작은 스마트폰 세상에서 즐거움을 찾아 헤매다 온 아이들은 학교 교실에서 배우는 내용에 어떠한 흥미를 느끼지 못한다. 스마트폰 세상에 존재하는 빠르고, 강렬하고, 자극적인 것은 교실 안에서는 찾아볼 수 없기 때문이다. 이 아이들이 갑작스럽게 고전 문학을 읽고 수학 문제를 풀고 영어 독해를 하려고 한다면, 글쎄 그게 가능할까?

스마트폰으로 놀고 공부한 아이들은 공부도 자극적인 것만 받아들이려고 한다. 제아무리 일타 강사라도 몇 시간씩 아이들에게 강렬한 자극을 주면서 공부시킬 수는 없을 것이다. 요즘 아이들의 환경은 지나치게 자극적이다. 등하교를 하는 아이들을 눈여겨보길 바란다. 초등학생부터 고등학생까지 손에서 스마트폰을 놓지 않는 아이들을 너무도 쉽게 만날 수 있다.

더욱 걱정스러운 점은 부모의 사회적·경제적 지위가 아이들의 스마트폰 통제에 영향을 끼친다는 것이다. 일반적으로 사회적·경제적 약자가 스마트폰의 혜택을 더 많이 받는다고 생각한다. 하지만 사회적·경제적 약자는 스마트폰에서 자유로울 수 없다. 저렴하게 이용할 수 있는 쇼핑기회와 오락거리, 구직활동 정보 등이 모두 스마트폰 안에 있기 때문이다. 사회적·경제적 약자의 아이들은 부모의 영향을 받아 무방비한 상태로 스마트폰에 노출된다. 반면 사회적·경제적 강자는 디지털 네이티브 세대의 단점을 보완하기 위해 아이들에게 스마트폰 사용을 제한하며, 효율적인 공부 방법을 고민할 수 있는 여유가 있다. 이렇게 사회적·경제적 양극화는 결국 아이들의 공부에도 영향력을 행사한다.

지금 청소년들의 공부에 대한 기대를 말할 때, 우리는 이 세대를 이끈 영웅들을 떠올린다. 바로 스티브 잡스와 마크 저커버그이다. 둘 다 어릴 적부터 컴퓨터를 굉장히 좋아했다. 둘의 공통점은 이것뿐만이 아니다. 그들이 고전적인 학문에 대한 관심이 많았다는 사실을 알고 있는가?

스티브 잡스의 경우 "소크라테스와 함께 오후 한나절을 보낼 수 있다면, 내가 가진 모든 기술과 맞바꾸겠다[4]"라는 말을 한 적이 있다. 마크 저커버그 또한 학생 때부터 라틴어, 심리학 등의 인문학에 매료되어 공부한 결실이 페이스북이라는 사실은 유명한 일화이다.

우리 아이가 스티브 잡스나 마크 저커버그와 같은 인물이 될 수 있도록 스마트폰을 통해 더 일찍 기술을 접하는 것이 괜찮다고 생각할 수도 있다. 하지만 그들의 천재성을 이끈 힘 뒤에는 다소 고리타분한(?) 학문에 열광한 시절이 있었다는 사실을 기억해야 한다.

내 걱정이 기우이길 바란다. 하지만 현장에서 만나는 아이들은 학교에 와서야 펜을 잡아 본다고 말한다. 앞으로 디지털 유목민의 세대가 지고 나면 미래 사회는 디지털 네이티브만의 세상이 된다. 에듀테크만이 새로운 시대에 적합한 교육 방법이 될 것이라는 믿음은 위험하다. 최첨단 시대, 인공지능, 빅테크 등으로 대표되는 시대의 흐름에 아이들의 공부 방식도 최첨단인 것만 유효할까? 문제의 본질은 가장 효율적인 공부법을 찾는 데 있다. 다시 말해

---

4   《뉴스위크》, 2001년 10월 28일

서 공부의 양극화는 학군지로 이사 가느냐 아니냐의 문제가 아니라, 아이들이 스마트폰에 지배당하게 키우느냐 아니냐인 것이다.

공부하고 있습니다

지금은 중간고사 준비기간. 아이들이 긴장할 때이다. 평소 수업 중에 잠을 자던 아이들도 이 기간만큼은 열심히 한다. 나는 '무엇을' '어떻게' 공부하는지 아이들에게 물어본다.

"시험 준비는 어떻게 해?"

"학원에 가서 공부하다가 집에 도착하면 밤 12시예요. 학원에서 선생님이 뽑아 주는 문제를 풀어요."

"시험은 학교 선생님이 내는데 왜 학원 선생님이 뽑아 주는 문제를 봐? 학교 선생님한테 질문해."

"학원 선생님께서 다 해 주셔서 물어볼 게 없어요."

사실 이해하기 어려운 대화이다. 공부라는 것은 나의 부족한 부분을 알고 스스로 채워 나가는 과정인데, 이 모든 것을 학원 선생님이 해 주고 있다. 학원 선생님이 내어 준 친절한 학습지로 공부하는 습관이 잡힌 아이들은 학교에서도 친절한 선생님을 기대하며 질문한다.

"선생님, 이 내용 시험에 나와요?"

대답하기 곤란한 질문이다. 어떻게 대답하느냐에 따라 아이들의 반응은 달라진다. 시험 범위에 포함된다는 말에는 집중을, 시험 범위가 아니라는 말에는 다른 행동을 한다. 이렇게 공부하는 아이들은 스스로 공부하는 방법을 잊어버린 것 같다. 이것이 우리 아이들의 공부 현주소이다.

그런데 중간고사 시험 점수는 나쁘지 않다. 학원에 다니고 나서 좋은 결과를 받은 아이일수록 시험 기간에 더 오래 학원에 남아 있고, 좋은 결과가 학원 덕분에 나왔다고 생각한다. 혹시 스스로 열심히 해서 좋은 성적을 얻었다고 생각하는 아이는 없을까?

이쯤 되면 궁금한 것이 생긴다. 학원에 다니면서 중간고사를 준비하는 것이 과연 공부에 효과적일까? 중간고사가 끝난 다음에 다 잊어버리진 않을까? 그리고 일상적으로 시험 분석을 남에게 맡겨 버리게 된 아이들이 어른이 되어서 문제 해결을 제대로 할 수 있을까?

준영이의 성적은 우수하다. 준영이는 시험 기간뿐만 아니라 평소에도 열심히 공부한다. 그도 그럴 것이 하교 후 학원에서 3~5시간을 보낸다. 저녁도 편의점에서 친구들과 라면, 햄버거 등으로 때우기 일쑤다. 준영이가 학원에 의존하게 된 것은 학원에 다니면서부터 성적이 급속도로 향상되었기 때문이다. 학원에서는 레벨 테스트를 통해 준영이의 실력을 확인하고 그럴듯한 처방을 내려 준다. 선생님들은 명쾌하게 설명해 준다. 준영이는 계속 학원에 다녀 레벨이 높아졌다. 이는 준영이에게 성취감을 주었다. 준영이는 더 빠르게, 더 수준 높은 반으로 가길 원한다. 준영이의 레벨은 지금 친구들이 배우는 내용을 앞서 있다. 다른 친구들보다 더 어려운 내용을 배운다는 것은 통쾌한 느낌을 준다. 준영이가 다니는 학원에 다니고 싶어도 성적이 낮아 못 오는 친구들도 있다. 친구들은 준영이를 부러워한다.

어느새 준영이는 그 학원에서 가장 수준 높은 반에 들어갔다. 숙제는 다소 많아 학교에서 수업 시간에 학원 숙제를 할 때도 있다. 하지만 학원에 의존하는 공부 방법이 옳다고 믿고 행동한다. 준영이는 학교에서는 공부와 관련 없는 활동이 너무 많다고 생각하며, 비싼 학원비를 내고 있으니 그만큼 가치가 있다고 생각한다. 학원에 다니면 안도감이 들고, 학원을 끊으면 불안감이 엄습한다. 다른 아이들과의 경쟁에서 더 빨리 앞서 나가야 한다고 생각한다.

여기서 준영이는 결과 중심의 공부법에 심취해 있다. 결과 중심의 공부법에 익숙해지다 보니 모든 시험에서 결과를 중요하게 여긴다. 그래서 공부 속도에 민감하며 조급함도 보인다. 학교에는 준영이처럼 결과 중심의 공부를 하는 아이들이 많다. 이런 아이들은 수업 시간에 학원 숙제를 한다. 수업 시간에 수업을 듣지 않고 다른 공부를 하고 있으니 제대로 될 리가 없다. 45분 수업이 이 아이에게는 자습인지 수업인지 참 헷갈린다.

우리는 일상에서 시험 결과에 따라 보상을 주는 행위를 자주 한다. 이는 공부를 결과 중심으로 보기 때문이다. 과정과 결과를 떼어 놓고 생각할 수는 없지만, 지나친 결과 중심은 공부의 재미를 느낄 수 없게 만든다. 그리고 결과 중심은 아이들 사이에 지나친 경쟁을 부추기는 폐해를 낳는다.

내가 만난 많은 아이들이 학원에 다니는 것을 유일한 공부법으로 알고 있었다. 그리고 많은 학원에 다닌다. 가정에서는 그 많은 사교육비를 감당할 수 있을까? 교육부(2024)에 의하면 2023년 사교육비 총액은 약 27조 1천억 원으로 전년 대비 4.5% 증가했다. 전체 학생 기준 1인당 월평균 사교육비는 43.4만원이라고 한다. 월평균 사교육비로 70만원 이상 지출한 학생 비중은 22%로 전년 대비

2.9% 증가하였다고 한다.[5]

이 보도자료에는 예체능에 관한 내용이 포함되어 있는데, 좀 더 자세히 과목별 학생 1인당 사교육비 월평균을 살펴보자. 참여 학생을 기준으로 보았을 때 일반 교과의 1인

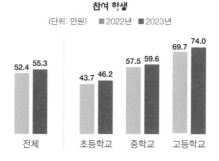

학교급별 학생 1인당 월평균 사교육비[6]

5　통계청 2024 3. 14 보도자료, 「2023년 초중고사교육비조사 결과」
6　통계청 2024 3. 14 보도자료, 「2023년 초중고사교육비조사 결과」

당 월평균 사교육비가 2022년 49만원에서 2023년 51.8만원으로 조사되었다.[7] 이 내용을 보면 적은 금액이 아니다. 하지만 부모들은 내 아이를 위해서 이 금액을 기꺼이 지불한다. 아이의 공부를 학원에 맡기면 좋은 결과를 얻게 될 것이라는 생각에 전혀 의심이 없어 보인다.

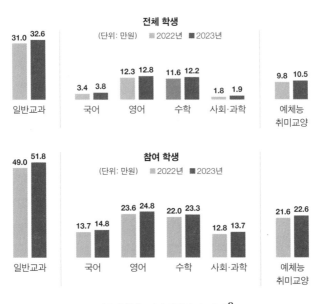

과목별 학생 1인당 월평균 사교육비[8]

7   통계청 2024 3. 14 보도자료, 「2023년 초중고사교육비조사 결과」
8   통계청 2024 3. 14 보도자료, 「2023년 초중고사교육비조사 결과」

지희는 내가 전근해 온 첫해에 만난 아이다. 지희의 성실함은 누구에게나 인정받는다. 수업 시간에 지각하거나 수업 방해 행동을 단 한 번도 한 적이 없다. 수업 시작 전 항상 책과 노트를 먼저 준비해 책상 위에 올려놓으며, 수업 시간에 다른 행동을 하지 않는다. 하지만 지희의 중간고사 성적을 보고 놀라지 않을 수 없었다. 교과 시간 지희의 모습을 보고 굉장히 우수한 성적을 낼 것이라 기대했는데 평균점 이하가 나온 것이다. 수업 태도만 보면 전교 1등이다. 지희는 자신의 노력에 비해 점수가 잘 나오지 않는 것에 의기소침해 있다.

지희의 수업 태도는 분명 훌륭한 것이 맞다. 하지만 지희가 정말 '진짜 공부'를 하고 있었을까? 지희는 바른 자세로 앉아 다른 생각을 하거나 부족한 수면으로 인해 멍한 상태로 있었던 것은 아닐까? 아마도 지희는 공부한다고 앉아 있기는 하지만 적극적인 공부 활동이 의심스러운 상태로, 시간이 흐르기만을 기다리고 있었던 것으로 보인다.

2023년 한국아동·청소년인권실태조사 결과에 따르면, 아동·청소년들에게 직접적으로 수면 부족 여부를 질문한 결과 47.8%의 참여자들이 수면이 부족하다고 응답하였다. 수면 시간이 부족하다고 응답한 아동·청소년을 대상으로 그 이유가 무엇인지 1순위와 2순위 응답을 합산하여 계산하였을 때 가정 공부(41.2%), 학원/과외(33.8%), 인터넷 사이트(31.2%) 순이었다. 평일 공부 시간을 살펴보면, 2023년 조사의 경우 하루 평균 공부 시간이 3시간 이상이라고 응답한 비율은 40.2%인 것으로 나타났다.[9]

이를 통해 알 수 있는 것은 아이들은 적지 않은 시간을 공부하고 있다는 사실이다. 학교에서 진행하는 수업 시간 평균 5시간 31분을 더하면 하루 공부 시간은 평균 8시간 31분이다.

부모는 아이가 '학원에 간다, 도서관에 간다, 학교에 간다'라고 하면 공부를 한다고 생각한다. 하지만 진짜 공부를 하고 있는지는 알 수 없다. 다만 공부하겠거니 생각하면서 넘어가는 것이다. 하지만 학원이나 학교에서 공부하지 않고 다른 생각을 한다면? 친구들을 만나는 목적으로 학원에 다닌다면? 학교에서 자고 있었다면? 학원을 여러 군데 다니고, 여러 문제집을 풀며 많은 시간과 돈을 투자하고 있다면 공부하고 있다고 생각하기 쉽다. 하지만 일부 아이들은 눈속임 공부를 하고 있는 것이 사실이다. 이것이

---

9   유민상, 이경상, 유성렬, 이수정, 「2023 아동·청소년 권리에 관한 국제협약 이행 연구-한국 아동·청소년 인권실태: 총괄보고서」, 한국청소년정책연구원, 2023, p.204, p.207, p.272.

내 아이를 학원에 맡긴 것으로 부모의 역할이 끝났다고 생각하면 안 되는 이유다.

아이들의 공부 감정

시험이 끝나고 여름 방학을 앞두고 있다. 아이들은 굉장히 들떠 있는 모습이다. 이때쯤 아이들의 생각을 알고 싶어서 설문지를 돌리곤 한다. 바로 아이들의 공부 감정에 대한 질문이다. 그 내용은 다음과 같다.

1. '공부'라는 단어를 떠올리면 어떤 생각이 드나요?
2. 나는 공부를 좋아하나요?
3. 나는 앞으로 공부를 더 잘할 수 있을까요?

아이들의 답변을 보면 '재미있어요', '배우는 것이 즐거워요', '공부를 생각하면 짜증 나고 슬퍼요' 등, 공부에 대한 긍정적 답변과 부정적 답변이 혼재되어 있다.

중학생인 선아는 수업 시간에 엎드려 있는 시간이 많은 아이이다. 선아는 어느 순간부터 학교 수업을 따라가는 것이 힘들게 느껴졌다고 한다. 친구들과 즐겁게 학교 생활을 하지만, 수업만 시작되면 소극적으로 변한다. 자존심이 센 선아는 모르는 내용을 모른다고 말하지 않았다. 그렇게 시간이 지나다 보니, 모르는 내용이 너무 많아졌다. 학교에 와서 친구들을 만나는 것은 좋은데, 모르는 말만 들어야 하는 수업 시간은 괴롭다. 선아는 다시 공부를 시작할 엄두가 나지 않는다고 했다. 선아가 제출한 설문지에는 '공부를 생각하면 슬프고 화가 나요', '공부를 좋아하지 않아요', '공부를 잘할 수 없을 것 같아요', '공부하기 싫어요'라고 적혀 있었다. 옆에서 지켜보았을 때도 설문지를 작성하는 내내 선아의 표정이 좋지 않았다.

선아처럼 성적이 낮은 친구들만 공부 감정이 부정적일까? 고1이 되어 만난 지환이는 성적이 상위권인 학생이다. 친구들 사이에서 지환이는 예민하다는 평을 받는다. 학교에서 친구들과 어울리기보다는 혼자 있는 편이 많으며, 표정은 항상 어둡다. 상담하면서 알게 된 것은 지환이는 공부에 대한 스트레스를 많이 받는다는 사실이었다. 중학교 때까지는 공부를 잘했지만, 고등학생이 되어서는 계속 잘할 수 있을지 모르겠다고 했다. 지환이는 시험을 앞두고 공부를 왜 해야 하는지, 무슨 의미가 있는지 의문을 갖기도 했다. 어릴 때부터 부모님과 선생님이 공부를 강조해서 열심히 하지만, 미술을 해볼 마음이 있었다. 그러나 부모님이 미술을 하는 것보다 공부해서 대학을 가는 것이 더 좋을 것이라 조언했고, 성적도 잘 나와 부모님이 원하는 인문계 고등학교에 진학했다고 말했다. 부모님과 갈등을 일으키고 싶지 않은 마음도 크다고 했다. 입학 후 계속 불안해 보이던 지환이는 부모님과 격렬한 갈등을 끝으로 결국 학교를 그만두는 선택을 했다.

지환이가 마지막으로 학교에 나왔을 때 짐을 같이 싸면서 물어보았다. "네 결정에 후회하지 않니?"

지환이는 이렇게 대답했다. "그동안 운이 좋아 성적이 잘 나왔을 뿐이에요. 저는 공부하기 싫어요. 공부할 때 스트레스 받아요. 이 결정을 후회하지 않아요."

성석은 우수했지만 공부 감정이 부정적이었던 지환이는 결국 학업 중단을 선택했다.

2023 아동·청소년 권리에 관한 국제협약 이행 연구-한국 아동·청소년 인권실태: 총괄보고서에 의하면, 공부하기 싫어서 학업 중단을 생각한 학생의 비율이 25.8%이다. 고등학생의 경우 학업 스트레스가 더 높다. 같은 보고서에서 일반고 학생의 경우 '성적이 좋지 않아서'가 20.8%인 반면, 특성화고 학생의 경우에는 '내가 배우고 싶은 내용

이 없어서'가 12.5% 수준으로 학교를 그만두고 싶다고 대답하였다.**10**

재아의 '국어' 교과서 글씨는 어느 순간 '북어'로 변해 있었다. 그마저도 3, 4월에는 보이던 교과서가 5월이 되고부터는 어디 갔는지 모르겠다며 볼멘소리를 했다. 선호도 마찬가지다. 교과서 곳곳에는 로봇 그림과 게임 아이템 그림으로 가득 채워져 있었고, 일부 내용은 찢겨져 있었다. 수업 시간에 같이 활동한 학습 활동란은 빈 칸이거나 낙서가 그려져 있다. 재아나 선호에게 공부를 포기했냐고 물으면 '그렇지 않다'라고 대답한다. 스스로 공부를 잘할 수 있냐고 질문해도 '그렇지 않다'라고 한다.

상식적으로 생각해도 싫어하는 일을 오랫동안 잘할 수는 없다. 반대로 좋아하는 일은 즐겁게 잘할 수 있다. 당연한 말이지만 아이들의 공부 감정이 긍정적이라면 공부를 더 재미있게 할 수 있다. 공부 감정이 긍정적인 아이들에게 공부가 재미있는 이유를 물으면 다양한 답변이 나온다.

---

10 유민상, 이경상, 유성렬, 이수정, 「2023 아동·청소년 권리에 관한 국제협약 이행 연구-한국 아동·청소년 인권실태: 총괄보고서」, 한국청소년정책연구원, 2023, p.246-248.

'과목 선생님이 좋아서, 그 과목이 재미있어서, 성적이 오르는 것을 느껴서, 친구와 공부하는 것이 좋아서…….' 그리고 이 아이들을 관찰하면 공부를 스스로 하고자 한다. 장기간 지켜보면 우상향하는 성적을 확인할 수 있다.

이성보다 감정이 더 쉽게 장기 기억으로 남는다. 나는 중고등학교 시절의 수업 내용은 잘 기억하지 못한다. 하지만 거의 30년이 지난 지금도 그때 공부를 하면서 느꼈던 감정은 생생하게 기억한다. 성적이 떨어질까 불안했던 기억, 체력이 따라주지 못해서 힘들었던 기억, 혹은 새로운 내용을 알게 되어 기뻤던 기억 말이다.

아이들의 공부 감정을 살펴보아야 하는 이유는 아이들은 기계가 아니기 때문이다. 또한 아이들은 어른들보다 더 감정적이라는 점도 고려해야 할 부분이다. 공부에 대한 좋은 감정을 갖게 하는 것은 그 내용을 장기 기억에 남기기 위한 좋은 전략으로 활용할 수 있다. 즉, 긍정적인 공부 감정은 좋은 성적으로 이끄는 원동력이다.

피할 수 없는 공부

기수 엄마는 기수를 공부시키지 않았다. 아이에게 무

엇인가를 주입한다는 것이 별로 내키지 않았기 때문이다. 다만 창의력과 관련된 교육 활동은 다양하게 접하게 하고 싶었다. 왠지 주입식 교육을 하면 아이가 행복하지 않을 것만 같았다. 공부를 잘해서 대학에 가는 일률적인 공부 방식은 끝났다는 말을 믿었다. 그래서 아이에게 공부하라는 말을 되도록 하지 않았다. 그렇다고 공부가 아닌 다른 것을 시키지도 않았다. 사실 뭘 시켜야 할지 잘 몰랐다. 그저 '행복하게 자라라'고만 생각했다.

"우리 엄마는 공부 안 시켜"라고 말하고 다니는 기수를 다른 아이들은 부러워했지만, 학년이 올라갈수록 기수의 학교 생활은 예전만큼 재미있지 않았다. 수업 시간에 만나는 선생님들에게 기수는 "우리 엄마가 공부 안 해도 된다고 했어요"라고 말하며 교과 시간에 충실하지 않으려 했다.

그렇다고 기수가 공부가 아닌 다른 재능을 찾은 것은 아니다. 엄마의 말처럼 공부하지 않고 다른 재능을 찾으며 학교에 다니고 싶었는데 자신이 뭘 잘할 수 있는지 몰랐다. 중3이 되어 고등학교를 결정할 때 특성화고등학교의 전자과를 선택했다. 이유는 공부를 덜할 수 있다고 생각했기 때문이다.

막상 특성화고등학교에 입학하고 나서 기수는 머리를

한 대 맞은 것 같았다고 말했다. 특성화고등학교는 공부를 안 하는 학교가 아니라 인문계 과목이 아닌 전문 기술을 공부하는 곳이었다. 기수가 공부를 안 할 동안 다른 아이들은 자격증 준비를 하며 관련 전공 공부를 하고 있었다. 특성화고등학교에서 나를 만난 기수는 뒤늦게 공부하고자 했지만 무엇부터 해야 할지 모르겠다고 말했다.

기수 엄마는 아이에게 "공부하지 않아도 된다"라고 했다. 하지만 이는 굉장히 위험한 말이다. 아이 입장에서 하기 싫은 공부에 대해 부모가 빠져나갈 구실을 만들어 준 것이나 마찬가지다. 아이의 행복을 바라는 기수 엄마의 마음은 이해되지만, 초등 6년부터 중등 3년, 고등 3년까지 긴 시간을 학교에서 지내야 하는 기수의 현실적인 입장을 배려한 말은 아니다.

기수 엄마의 세대, 즉 지금의 부모 세대는 주입식 교육을 받은 세대이다. 일부 부모는 주입식 교육에 회의감을 갖고 있으며, 아마도 기수 엄마가 그러할 것이다. 이런 생각을 지닌 부모들은 자신의 아이를 위해서는 자유롭고 창의적인 교육 방식을 추구하고 싶어 한다. 그래서 어릴 때부터 창의력과 관련된 활동을 시킨다.

이러한 소비자들을 현혹하기 위해서 유아 대상 교구에

는 '창의력'이란 말이 적혀 있다. 이 말이 들어가지 않으면 판매조차 할 수 없는지 의심스럽다. 하지만 교육학의 입장에서 바라보면 창의력은 유아들만의 것은 아니다. 오히려 창의력은 인지 공부의 가장 최종 단계에서 발휘될 수 있는 능력이다. 유용한 창의력이 발현되기 위해서 오히려 공부를 더 열심히 해야 한다는 것이다.

영재 엄마는 영재가 어릴 때 축구에 재능이 있다는 것을 알고 영재를 어린이 축구 클럽에 다니게 했다. 남다른 신체적 조건, 뛰어난 달리기 실력, 민첩성 등, 영재가 또래 아이들보다 뛰어난 것은 확실했다. 초등학교 저학년까지는 취미로 시켰는데, 초등학교 4학년이 되자 영재가 제대로 축구를 하고 싶다고 말했다. 영재 엄마는 그 말을 듣고 갈등하기 시작했다. 결국 영재의 뜻대로 축구를 시켜 보기로 마음먹었다.

축구를 계속 시키기로 했으면서도 영재 엄마의 고민은 끝나지 않았다. 영재 엄마는 공부하지 않고 축구만 하는 영재를 보고 있으면 마음이 불안했다. 잘 자라던 영재의 키가 생각만큼 쑥쑥 자라지 않는 것도 신경 쓰였다. 그 와중에 영재가 축구를 하다가 큰 부상을 당했다. 그 이후 엄마는 영재에게 축구를 그만두게 했다. 영재도 그동안 너무 힘들었다며 축구를 취미로 하겠다고 말했다. 영재 엄마는 안도감이 들었다.

내가 영재를 만났을 때 영재는 이미 축구를 그만두는 것이 확정된 상태였다. 그러나 영재는 공부를 하지도 않았다. 부상으로 인해 선수로 뛸 수 없다는 것을 잘 알고 있었지만, 재미없는 공부를 열심히 할 마음도 없었다. 영재는 쉬는 시간과 점심시간에 공 차는 재미로 학교에 온다. 친구들보다 축구를 좀 더 잘하는 영재이지만 선수로 뛸 수 없는 영재. 공부는 자신의 길이 아니라는 것을 알지만 이제 뭘 할지 자신도 모르겠다고 말한다.

흥미와 적성을 잘 찾은 아이의 경우에도 변수가 생긴다. 흥미와 적성을 찾았기에 공부하지 않아도 된다고 생각하는 것은 위험하다. 아이들은 의무교육기간 동안 학교에서 다양한 형태의 공부를 하게 된다. 원래 계획한 것이 틀어질 때 다른 대안을 찾을 수 있어야 한다. 만약에 영재가 축구를 하는 동안이라도 공부에 손을 놓지 않았다면 지금의 상황은 많이 달라졌을 것이다.

새롬이의 장래 희망은 교사이다. 새롬이 부모님은 맞벌이를 하며, 아침 일찍 나가서 저녁 늦게 들어온다. 언니는 공부에 큰 뜻이 없었지만 새롬이는 달랐다. 힘든 형편임을 알지만 부모님을 설득하여 여러 교과목을 봐주는 공부방도 다닌다. 부모님은 너무 바빠서 새롬이의 공부에 신경 쓸 여력이 없었다. 그런 새롬이에게 큰 도움이 된 것은 학교 선생님이었다. 초등학교 6학년 때 선생님은 새롬이가 공부에 흥미를 잃지 않도록 많은 관심을 쏟았다. 또 중학교 1학년 때 담임 선생님은 새롬이에게 도움이 되도록 장학금 추천서를 정성스럽게 작성해 주었다. 새롬이는 그런 선생님들의 보살핌으로 학업에 대한 공백을 채워 나갔다. 새롬이는 지방국립대 사범대에 진학하여 교사가 되고 싶어 한다. 그리고 자신처럼 어렵게 공부하는 아이들에게 도움을 주고 싶다고 생각한다. 교사가 되기 위해서는 공부를 안 할 수 없다. 그래서 이번 기말고사 때도 지난 번보다 더 좋은 결과를 내고 싶은 욕심에 열심히 공부하고 있다. 자본의 힘으로 공부하는 것만이 정답이라면, 새롬이의 경우는 굉장히 절망적이다. 하지만 새롬이는 자기 스스로 공부를 해 나가고 있다. 내가 학교에서 만나는 많은 아이들은 새롬이처럼 공부를 통해 희망을 꿈꾼다.

기수, 영재, 새롬이, 이 세 아이는 각각 문제 상황이 있었다. 공부를 하지 않아도 된다고 생각했지만 그것이 잘못된 생각임을 깨달은 기수, 축구 선수를 꿈꾸었으나 부상으로 인해 그 꿈을 이룰 수 없어 방황하는 영재, 어려운 형편이지만 자신의 상황에서 최선을 다하는 새롬이. 이 아이들은 지금 대한민국의 어느 교실에서나 볼 수 있는 아이들이다. 이 세 아이 중에서 새롬이가 해야 하는 공부에 대해 가장 잘 이해하고 있으며, 현명하게 성장하고 있다고 볼 수 있다.

첫 수업 시간부터 진영이는 눈에 띄는 학생이었다. 수업 내용에 호응을 잘하며 손 들어 질문도 했다. 그런데 학교 생활이 익숙해지면서부터 진영이는 수업 태도가 급속도로 나빠졌다. 수업 시간 자는 모습도 많이 볼 수 있었다. 진영이를 깨우면 "모르는 내용이 많아서 공부하기 싫어요"라고 말했다. 아이들 말에 의하면 진영이는 초등학생 때부터 지각이 잦았다고 한다. 중학교라는 새로운 환경에서 잘해 보려 하는 진영이의 모습은 학기 초가 지나자 흐트러지고 말았다.

나는 학기 초 아이들의 초롱초롱한 눈빛을 보면서 다들 공부를 잘하고 싶어 한다는 것을 마음으로 느낀다. 여기서 한 가지 문제를 내보겠다. 다음 중 가장 공부를 잘하고 싶은 아이는 누구일까?

① 성적이 최상위권인 학생

② 성적이 상위권인 학생

③ 성적이 중위권인 학생

④ 성적이 하위권인 학생

나는 이 질문의 확실한 정답을 알고 있다. ①~④ 모두 정답이다. 그런데 왜 선생님이나 부모님 눈에는 ①과 ②의 아이들이 공부를 잘하고 싶어 하는 것으로 보일까? 결론적으로 성적이 낮은 아이들은 '공부를 잘하고 싶은 마음이 없어서 열심히 하지 않으니 좋은 성적을 받을 수 없다'라고 생각하기 때문이다. 과연 그럴까?

내 경험을 말하면, 아이들은 모두 다 공부를 잘하고 싶어 한다. 그렇기 때문에 중학생은 45분, 고등학생은 50분이나 되는 수업을 하루에 6~7교시가량 받으며 학교에 있을 수 있다. 이것은 보통 힘든 일이 아니다. 모든 수업 시간이 아이가 좋아하는 과목일 리도 없다. 게다가 모든 수업을 아이가 다 알아들을 수 있는 것도 아니다. 그 어렵고 곤혹스러운 시간을 견뎌 내는 것은 아이들의 마음 한편에 공부를 잘하고 싶은 열망이 있기 때문이다.

공부를 잘하기 위해서는 여러 가지 것들과 싸워야 한다. 하교 후 친구들과의 게임 약속, 수다, 이성친구에 대한 호기심과 만남, 각종 SNS에 올라오는 글에 대한 호기심

등, 아이들의 세상에는 공부보다 재미있는 것들이 넘쳐 난다. 고개만 들면 아이들을 유혹하는 오락거리가 시선을 붙잡는다. 이러한 것들에 비해 공부는 지루하고 단기간에 바로 결과가 나오지 않는 영역이다. 내가 이 시대를 살아가는 아이라 해도 공부에 흥미를 느끼기는 쉽지 않을 것 같다. 진영이는 성적과 상관없이 공부를 잘하고 싶어 한 아이이다. 하지만 진영이 앞에 공부를 방해하는 요소들은 넘치도록 많다. 공부를 잘하고 싶은 마음은 있지만 결국 오락거리의 유혹에 넘어간 것이다.

코로나 시대를 겪은 아이들의 공부 격차는 상상을 초월할 정도로 심각하다. 내가 만나는 중학생들은 초등학교 학업이 완성되지 못한 아이에서부터 이미 고등학교 과정을 접하는 아이들까지 실력 차이가 매우 크다. 성적 하위권 아이들은 반 아이들과의 공부 격차를 스스로 느낄 때 공부를 잘하고 싶은 마음을 접어 버린다. '다른 아이들이 다 아는 것을 나만 모른다는 것'을 경험하는 순간, 수업 시간은 달콤한 잠에 빠져드는 시간이 된다. 다른 아이와 비교 못한다는 생각이 들었을 때, 스스로가 초라해져 버린 것이다. 그 마음의 저변에는 도전해 보았지만 기대만큼 성과가 나오지 않는 공부에 대한 좌절감과 부끄러움이 자리하고 있다. 더불어 사춘기로 이해받는 반항과, 다른 아이들의 부러운 시선을 받을 수 있는 삐뚤어진 당당함도 있다. 중학교 입학하면서부터 아니 초등학생 때부터 벌어진 공부 격차를 따라잡으려고 마음먹기보다는, 공부보다 더 재미있는 것을 좇으며 어른들 눈에 반항으로 여겨지는 행동을 하며 이 시기를 견디고 있는 것 같다.

하지만 우리는 안다. 그 마음 너머에는 사실 공부를 잘하고 싶어 하는 욕구가 있다는 것을. 인공지능 등장으로 인해 미래 사회는 무한경쟁 시대가 될 것을 아이들도 잘 알고 있으며 그 때문에 불안감을 느낀다. 어른들에게서 공부해야 하는 이유와 잔소리를 수도 없이 들었을 것이다. 불안감과 삐뚤어진 당당함. 이 미묘한 감정 사이에 줄타기를 하고 있는 아이들의 마음속에는 분명 공부를 잘하고 싶은 마음이 있다. 해야만 하는 공부를 누구보다 잘하고 싶어 하는 아이들을 어떻게 도와줄 수 있을까?

한 번도 배운 적이 없는 공부법

엄마 손에 이끌려 학원에 처음 가 보았습니다. 레벨 테스트를 받고 나서 학원 선생님과 상담을 나눈 후 집에 돌아오는 길에 엄마는 아무런 말도 하지 않았습니다. 집에 와서도 엄마는 걱정이 있어 보였습니다. 나는 다음 날부터 학원에 다녔습니다. 학원에서 정해 주는 문제집을 몇 시간이나 풀어야 했습니다. 선생님이 정확하게 핵심을 짚어 주시는 것은 맞힐 수 있을 것 같긴 합니다. 집에 오니 피곤합니다. 씻고 자야 할 거 같습니다. 다들 이렇게 공부하는 것이라 하니깐 저도 이렇게 공부하면 성적이 오르겠지요.

이 이야기는 현서가 내게 했던 말을 요약한 것이다. 현서는 수업 시간에 멍하게 있는 경우가 많은 아이였다. 그리고 학교에서 교과 학원에 다니지 않는 몇 안 되는 아이 중 한 명이다. 공부하는 것보다 친구들과 노는 것을 더 즐거워하는 아이다. 하지만 중학교 입학 후 처음 본 시험에서 기대보다 낮은 성적을 받고 '이대로는 안 되겠다'라고 생각한 것 같다. 현서는 처음 학원에 갔다 온 후 이 이야기를 들려주었다. 물론 많은 아이가 초등학교 때부터 학원 문턱을 처음 넘는다. 요즘은 어린 유치원 학생들을 대상으로 한 학원도 성행한다. 학교 주변에는 학원이 지나치게 많다. 친절한 말투로 불안감을 선물한다. 불안감을 부추기는 방법도 다양하다.

학원에서는 레벨 테스트를 통해 수준별로 반을 결정한다. 어떤 경우는 수준에 맞는 반이 없어서 학원에 다닐 수 없다고도 한다. 하지만 그 레벨 테스트라는 것에 어떤 문제가 있는지 살펴볼 필요가 있다. 학원에서 하는 레벨 테스트는 공교육 교육과정의 성취기준과 다르다. 원래 시험은 교과의 전문가가 성취기준에 따른 문제의 공정성과 타당성을 근거로 하여 문제를 내야 한다. 하지만 학원은 동일한 교육과정 없이 선행, 현행, 후행 등 그 학원이 지향하는 바만이 있을 뿐이다. 당연히 그 학원을 보내지 않았으므로 아이의 레벨 테스트 점수가 낮을 수밖에 없다. 『학교란 무엇인가』에서도 레벨 테스트의 함정에 대해 언급한 바 있다.

대치동에서 공부 컨설팅을 하는 전문가는 레벨 테스트에 대해 더욱 충격적인 비밀을 털어놓았다. 객관적이라고 믿었던 레벨 테스트가 학원에서 반을 구성하고 아이들을 채우기 위한 수단으로 활용된다는 것이다.

많은 전문가들은 학원의 레벨 테스트가 그다지 공정성이 없다고 말한다. 시험이 공정성이나 타당성을 갖기 위해서는 그만한 연구와 투자가 필요한데, 대개의 레벨 테스트는 학원 내부에서 주먹구구식으로 만든 시험이거나 1–2년 선행 문제인 경우가 많다는 것이다.[11]

레벨 테스트가 학원의 반을 구성하는 수단 이상이 아님에도 불구하고, 불안감에 휩싸인 부모들은 점점 더 어린 나이에 아이들을 학원으로 보낸다. '일찍 가면 더 잘할 수 있겠지. 일찍 가면 남들보다 더 낫겠지'라고 생각한다.

사교육이 어떤 면에서는 필요하다고 생각한다. 일부 아이들은 사교육을 받아 능력을 최대한 끌어낼 수도 있다. 수요자의 요구에 따라 커진 시장이라는 점에서도 인정할 부분이 있다. 개별화 수업이 잘되어 있으며, 뛰어난 실력이 있는 사교육 강사들도 많다. 교육계에서도 사교육의 긍정적인 면을 연구한 논문도 다수 있다. 교육의 다양성 측면에서 사교육은 큰 역할을 하고 있다. 나 역시 내 아이들의 학원을 고민한다. 내게도 사교육은 주요 이슈이다.

다만 사교육 열풍에 대한 내 의견은 '과도하다'이다. 모든 아이가 다를 텐데 5세부터 7세까지 영어 유치원을 다니며 초등 저학년 때 영어를 통달한 다음, 초등 고학년 때 수학에 몰입해야지 수능 고득점이 가능하다는 생각의 동일함은 기이하게 느껴진다. 엄마들은 맘카페에 넘쳐 나는 사교육 정보를 알아내고자 노력한다. 내 아이가 좋아하고 잘

---

11 EBS 〈학교란 무엇인가〉 제작팀, 『학교란 무엇인가』, 중앙BOOKS, 2011, p.182.

한다면 얼마든지 괜찮다. 다만 내 아이의 특성에 대한 고려가 없다는 것이 문제이다. 현재 아이들의 모습은 마치 컨베이어 벨트 위에 올려놓은 물건 같다. 각각의 학원에서 실력을 테스트한 후 그에 대한 처방으로 학원에서 정해준 반에 빨려 들어가는 모습이다.

이쯤 해서 떠오르는 이야기가 있다. 내 시골 고향 친구가 처음 서울에 갔을 때 겪은 일이다.

"지하철을 타고 서울역에 내렸어. 다들 어딘가로 향해 뛰는 거야. 나도 모르게 그들과 같이 뛰고 있었어."

내 친구가 목적도, 이유도 모르고 같이 뛰고 있는 모습. 지금 우리의 모습과 무엇이 다를까?

학교에서 아주 드물게 현서 같은 아이를 만난다. 현서 같은 아이란 중학생이 되어서야 예체능이 아닌 교과 학원에 다니는 아이를 말한다. 현서의 이야기를 듣고 나서 '아이들이 공부하겠다는 마음을 먹고 나서 무엇을 할까?' 생각해 보았는데 답은 바로 사교육의 힘을 빌리는 것이었다. 내가 경계하는 것은 본격적으로 공부를 해야 하는 시기의 아이들에게 공부 방법으로 단지 '좋은 학원을 찾아가는 것'이라는 일률적인 방안을 제시하는 현 세태이다. 아이들이 공부하기로 마음먹었을 때 '학원'에 의존하는 것이 아니라 스스로 공부할 수는 없을까? 아이가 학원을 가지 않는다고 전제한다면 방과 후 시간에 무엇을 해야 할까? 물론, 공부를 해야 한다. 그 시간에 스마트폰 세상에 빠져 있거나 게임을 하면 안 된다. 스스로 공부한다는 전제하에 무엇을 해야 할까?

공부하고자 하는 아이들의 손을 잡고 학원으로 향하는 대신 공부 방법을 구체적으로 가르쳐 주어야 하지 않을까? 바로 물고기를 원하는 사람에게 물고기를 잡아 주는 것이 아니라 물고기를 잡는 방법을 알려 줘야 하는 것처럼 말이다.

변화하는 학교

초등학교에 다니는 첫째아이의 학부모 공개수업을 다녀왔다. 수업 주제는 '감정'이다. 아이들은 친구들과 연극을 한다. 모두들 연기에 서툴지만 달뜬 얼굴로 최선을 다한다. 학생 위주의 수업이기 때문에 주인공은 아이들이다. 선생님은 아이들의 활동을 보조할 뿐이다. 아이들의 목소리와 행동이 교실 안에 가득 찬다. 담임 선생님이 준 참관록에는 '부모님께서 학창 시절에 들었던 수업과 어떤 점이

다른가요?'라는 질문이 적혀 있었다. 이 수업이 내 아이의 학교 모습만은 아닐 것이다. 내가 근무하는 학교도 학생 주도 수업을 고민하고 있다. 우리 아이들의 수업은 변화하고 있다.

그럼, 요즘 세대 아이들이 다니는 학교의 교육과정은 어떠할까? 초등학교를 졸업한 아이들이 중학교에 오게 되면 자유학기제를 만난다. 학교마다 조금씩 다르지만 대부분 중학교 1학년 때 실시된다. 교육부에서 강조한 자유학기제는 서열화된 성적 산출에서 벗어나 다양한 영역에 도전하도록 유도한다. 그리고 자신이 가장 좋아하는 영역을 찾을 수 있게 도움을 준다. 우리가 아는 중간고사와 기말고사는 이 시기에는 제외된다. 시험을 치르지 않는다는 이유로 일부 사람들은 자유학기제를 비판한다. 하지만 실제로 아이들은 다양한 체험을 하면서 생각의 폭을 넓히고 있다. 경험도 공부라는 전제하에 자유학기제 수업은 소중한 경험이 된다. 학교에서는 이 시기 아이들의 진로 탐색을 유도한다. 예술, 체육, 동아리 등 다양성을 기반으로 한 많은 활동이 이루어지고 있다.

학교마다 차이가 있지만 대체로 다음 학기인 1학년 2학기에서 3학년 1학기까지는 중학교 과정의 몰입기로, 참여형 수업 및 융합 수업을 정착화하는 교육과정을 밟게 된다. 이때 중간고사와 기말고사를 치르고, 수행평가 등 과정 중심 평가를 실시한다. 그뿐 아니라 교과 및 창의적 체험활동 연계의 진로 체험활동이 진행된다.

3학년 2학기는 고등학교 진학을 앞두고 있다. 다른 학기와 조금 다른 것은 전환기 진로 연계교육을 진행한다는 점으로, 교과 통합의 진로 교육과 개별 및 현장 밀착형 진로 진학 상담과 프로그램을 운영한다. 이 전환기 진로 연계교육은 고교학점제와 연계된다. 고교학점제는 아이들이 보다 자기주도적으로 진로와 학업을 할 수 있도록 하는 방안에서 강구된 것이다. 중학교 자유학기제 때 진로에 대한 탐색 기회를 준 것은 고등학교 때 전문적인 교과를 선택하는 기반을 마련한 것으로 볼 수 있다. 현재 학교 교육과정은 이렇게 진행되고 있으며, 앞으로도 학생 주도의 수업, 사고력과 창의력 신장의 방향으로 변화될 것이다.

교육은 미래 사회를 살아가야 할 역량을 가진 아이들을 배출해야 한다. 앞으로 변화할 미래 사회에는 인공지능과의 경쟁을 예상할 수 있기에, 인간만이 할 수 있는 능력을 극대화해야만 한다. 그런 미래 사회를 이끌어 갈 인재를 양성하기 위해 아마도 교육과정은 계속 변화하리라 생각한다.

미래 인재를 키워 내는 데 사고력과 창의력이 중시되는 것은 두말할 필요가 없을 것이다. 그 대안을 찾아내기 위해서 지금도 교육 전문가가 여러 방면에서 노력하고 있다.

아이들이 매일 같이 드나들며 많은 시간을 보내고 있는 학교는 변화하고 있다. 하지만 아이들의 부모 세대는 학교 공부의 변화를 인식하고 있는지 의문스럽다. 아직도 공부를 떠올리면 '하면 된다'라는 문구가 적힌 공부방에서 잠을 줄이면서 책상에 책을 놓고 암기하는 모습을 떠올리는가? 사고력과 창의력을 제한하고 지식을 암기만 하는 공부는 이제 막을 내렸다고 봐야 한다.

2 성공적인 공부를 위한 조건

첫째, 공부를 잘할 수 있을 것이라는 믿음

공자는 『논어』 「학이學而」 편에서 "배우고 때때로 익힌다면 기쁘지 아니한가!"라는 말을 남겼다. 배움의 과정은 즐거운 것이다. 어릴 때 아이들은 배우고자 하는 본능을 지니고 있으며 그 과정을 즐겁게 받아들인다. 하지만 어느 순간부터 배우는 것을 고통스러워한다.

내가 만난 최상위권 아이들은 어릴 때와 같이 공부하는 것을 즐거워했다. 옆에서 보기에 '힘들지 않을까?' 걱정될 정도로 공부에 몰입하면서 그 과정을 즐기는 모습이 눈에 띄었다. 공부 감정을 묻는 설문지에 최상위권 아이들은 마치 짠 것처럼 비슷한 답을 썼다. '힘든 점은 있지만 배우는 것이 즐겁습니다', '앞으로도 공부를 더 잘할 수 있을 것 같습니다', '다음 학년의 내용이 궁금합니다', '새로운 것을 알게 되는 것은 좋은 경험입니다'가 그들이 적은 내용이다.

공부 감정을 묻는 질문에 대한 최상위권 아이들의 대답 중에서 내가 좀 더 의미 있게 본 것은 '자기 효능감'이 드러난 답변이었다. '자기 효능감'은 갖가지 공부 감정 중 내가 가장 의미 있다고 판단하는 감정이다. 이것은 자신감이나 자만심과는 다른 것으로 '자신의 능력에 대한 믿음'을 말한다. 최상위권 아이들은 공통적으로 자신이 공부를 더 잘할 수 있을 것이라 믿었다. 공부 감정을 나타내는 여러 요인 중에서 자기 효능감이 공부에 결정적인 역할을 한다는 것은 여러 연구를 통해 드러난 사실이다. 그중 일부를 소개하면 다음과 같다.

- 더 높은 자기 효능감을 가진 학생들은 더 높은 목표를 설정하고 그 목표를 달성하기 위해 더 많이 노력한다 (Zimmerman, Bandura, & Martinez-Pons, 1992).
- 학생들이 학교를 다니며 성장함에 따라 교과 영역에서 학업적 자기 효능감이 높아진다(Zimmerman & Martinez-Pons, 1990).
- 더 높은 자기 효능감을 가진 학생들이 더 많은 인지전략과

초인지 전략을 사용하고 더 오랫동안 끈기 있게 공부한다 (Pintrich & DeGroot, 1990).

- 더 높은 자기 효능감을 가진 학생들이 더 어려운 수학 과제에 도전했다(Bandura & Schunk, 1981).
- 자기 효능감은 중학생의 인터넷 사용에 대한 자신감과 관련이 있었다(Joo, Bong, & Choi, 2001).
- 학생들이 대학교 1학년 동안 보고했던 자기 효능감의 수준이 그들의 기대와 전반적 만족감 그리고 수행의 강력한 예측 변인이었다(Chemers, Hu, & Garcoa, 2001).[12]

공부 감정은 다양하다. 자신감, 공부 동기, 자존감도 공부 감정이다. 많은 공부 감정 중에서 제일 관심을 가져야 하는 것은 단연코 자기 효능이다. 그 이유는 자기 효능감이 높은 아이들은 실패를 두려워하지 않고 도전하기 때문이다. 도전하는 자세는 성장의 기본 태도이다. 내가 만난 최상위권 아이들은 모두 자기 효능감이 높았다. '공부를 잘할 수 있을 것이다'라는 믿음은 성공적인 공부의 필수 조건이다.

---

[12] M. Kay Alderman, 『성취동기』, 김종남·임선아 역, 학지사, 2015, p.94-95.

둘째, 공부를 잘할 수 있도록 도와준 환경

최상위권 아이들이 꾸준하게 공부를 잘할 수 있었던 이유로 그들의 타고난 성향도 있겠지만, 공부를 잘할 수 있도록 도와준 환경도 빼놓을 수 없다.

진수는 반에서 1등을 놓치지 않는, 진지한 성향의 학생이다. 진수는 우리 반에서 유일하게 스마트폰이 없고, 전화 통화만 할 수 있는 오래된 전화기를 들고 다닌다. 왜 스마트폰이 없냐고 물어보니 "제가 통제할 수 있을 것 같지 않아서요"라고 대답했다. 답답하지 않으냐는 질문에 대해서는 "괜찮아요. 집에 있는 태블릿 PC와 컴퓨터를 사용하면 됩니다"라고 말했다.

진수는 스스로 스마트폰을 통제할 수 없다고 판단하여 물리적으로 멀어지는 방법을 사용하고 있었다. 극단적이긴 하지만 이런 진수의 생각이 일리가 있다는 것은 다음과 같은 연구에서도 확인할 수 있다.

2016년 가을 독일 교육학자 루돌프 캄메를Rudolf Kammerl과 그 연구팀은 학생들이 학교에 가져온 디지털 기기가 수업에 미치는 영향에 대해 발표했다. (중략) 통제 집단은 실험 집단과 비교해서 주의력 분산이 적었다. 즉 디지털 기기를 사

용하지 않은 학생들의 주의력이 더 높게 나타난 것이다.[13]

위와 같은 일들은 나 역시도 자주 겪는 일이다. 태블릿 PC를 활용하여 수업할 때 아이들은 수업의 과제를 다 끝내고 나서 게임을 해도 되는지 묻는다. 혹은 통제에서 벗어나 바로 게임에 눈을 돌리는 아이들도 있다.

세상의 모든 것은 부작용이 있다. 우리 생활에 강력한 편리함을 준 스마트폰도 마찬가지다. 공부하려고 책상에 앉은 아이는 스마트폰에 접속하고 싶은 욕구를 절제하기 힘들고, 그러다 보니 적절한 공부량을 채울 수 없다. 마음을 굳게 먹고 공부를 하더라도 끊임없이 울려 대는 알림을 모른 척하기 어렵다.

진수처럼 스마트폰을 포기하라는 말은 아니다. 현대인의 필수품인 스마트폰을 어떻게 하면 더 용도에 맞게 사용할 수 있을지 고민하는 것은 결국 스마트폰 사용자이자 공부하는 이의 몫이라는 말을 하고 싶은 것이다. 그래서 공부할 때만큼은 스마트폰을 다른 방에 두거나 꺼 두는 등, 물리적인 거리를 두는 것이 현명한 방법이라 할 수 있다.

---

13 만프레드 슈피처, 『노모포비아 스마트폰이 없는 공포』, 박종대 역, 더난출판, 2020, p.113-114.

혜린이네 집은 공부방이 거실이다. 혜린이 아빠는 거실을 공부방으로 만드는 것을 반대했다고 한다. 그러나 엄마가 고집을 꺾지 않아 한 달만 거실 공부방을 해보자고 시작한 일이 지금까지 유지되고 있다고 했다. 혜린이가 공부할 때 부모님이 텔레비전을 볼 수 없으니 책을 읽게 되었다고 한다. 어느새 혜린이네 집은 가족 모두가 거실에서 공부하는 모습이 되었다.

모든 최상위권 아이가 거실 공부방을 사용하는 것은 아니다. 혜린이네 집이 특별한 경우이다. 여기서 눈여겨볼 것은 아이의 공부 습관을 위해 엄마가 거실을 내주겠다고 결심하는 모습과 이후 아이와 함께 책을 읽는 모습이다. 혜린이는 부모님이 함께 공부하는 모습을 보인 후 공부하는 과정이 더 재미있어졌다고 말했다. 우리나라에서는 이러한 광경이 낯설지만, 이웃 나라 일본에서는 거실 공부를 잘 알고 있는 사람이 많다. 실제로 거실 공부를 통해 좋은 효과를 본 사례도 꽤 있다.

지금까지 스마트폰의 물리적 통제, 거실 공부방의 예를 통해 아이들에게 도움을 주는 공부 환경을 살펴보았다. 스스로, 혹은 주변의 도움을 받아 공부할 수 있는 환경을 만드는 것은 아이들이 주도적으로 공부를 지속할 수 있게 한다. 아이들에게 도움을 주는 공부 환경은 아이들의 공부 습관이 잘 잡히도록 만들고, 결과적으로 좋은 성취를 이끌어 낸다.

셋째, 자기주도 공부와 점검하는 습관

지난 가을 우연히 카페에서 우수한 성적으로 졸업한 소희와 마주쳤다. 내가 소희를 만났던 그 학교는 지방 소도시의 비평준화 인문계 고등학교로, 아이들이 사교육을 받을 수 있는 기회가 대도시에 비해 적은 편이었다. 그런 환경에서 아이들은 비자발적 자기주도 공부가 가능했을 것이다. 미래 유망한 소희가 졸업과 동시에 서울대에 입학하는 것을 보고 나는 다른 학교로 전근을 갔다. 졸업 후 8~9년이 지났고, 소희는 의젓한 사회인이 되어 있었다. 나는 소희에게 연락처를 물었고, 우리는 다시 만나서 긴 대화를 나눌 수 있었다.

나는 소희가 서울대에 입학할 수 있었던 공부법을 질문했다. 소희는 고1 때 이야기부터 들려주었다. 그때 소희는 서울대 경제학과를 목표로 삼고 공부를 시작했다고 한다. 내 기억에 소희는 점심시간에 공부하기 위해 급식을 먹지 않고 도시락을 싸 왔었다. 소희는 도시락 반찬으로 항상 소화가 잘되는 음식을 싸 달라고 어머니에게 특별히 부탁했으며, 목표가 생긴 이후부터 학교 수업과 야간자율학습을 절대 빼먹지 않고 공부했다고 한다.

고3이 되어서는 학원을 끊고, 학교 수업을 복습하며 혼자 공부했다고 한다. 이것이 소희의 공부법 핵심이라면, 모든 아이들 역시 원하는 학교, 원하는 과에 갈 수 있지 않을까? 나는 학교 공부만 했다고 한 소희의 공부 방법에는 다른 무엇인가가 있으리라 생각했다. 그리고 긴 대화 끝에 결국 핵심을 알아냈다. 그것은 바로 '자기주도적 공부'와 '점검'이었다. 소희는 무엇인가를 배운다는 것을 즐거워했고, 목표가 있었기에 자기주도적으로 공부할 수 있었다. 더불어 소희는 항상 자신이 부족한 것이 무엇인지를 점검하는 자세를 가졌다.

그렇다면 '점검'이란 무슨 뜻일까? 사전적 의미로는 '낱낱이 검사함'이란 뜻이다. 교과서에서도 자주 만나는 단어이다. 내가 가르치고 있는 교과서의 전체 편집 구성은 단원별 대단원의 공부 목표에 도달했는지 스스로 점검하게 되어 있다. 활동이 끝나면 평가 기준에 따라 점검하는 활동도 많다. 학생 스스로 점검하도록 유도하는 것이다. 아래 내용은 중1 국어 교육과정 성취기준이다.

[9국02-08] 도서관이나 인터넷에서 관련 자료를 찾아 참고하면서 한 편의 글을 읽는다.

[9국01-10] 내용의 타당성을 판단하며 듣는다.

아래 내용은 이를 실현한 대단원이 끝난 후 점검할 수 있는 교과서의 내용이다.

대단원 공부 목표에 도달하였는지 스스로 점검해 봅시다.

《읽고 대화하고》

• 자신의 흥미와 관심, 수준에 맞는 책을 찾아 읽을 수 있다.

• 글을 읽다가 모르는 내용이 나오면 참고 자료를 찾아 모르는 것을 해결하고 관련된 배경지식을 넓히며 읽을 수 있다.

• 자신의 독서 과정을 계획하고, 점검하고, 조정하며 책을 읽을 수 있다.

• 주장하는 말을 들을 때 주장과 근거를 구분하며 들을 수 있다.

• 주장을 뒷받침하는 근거의 타당성을 판단하며 들을 수 있다.[14]

---

14 신유식 외 9인, 『중학교 1-1』, 미래엔, 2023, p.97.

국어 교과서뿐만이 아니다. 다른 교과의 교과서도 마찬가지로 아이 스스로 '점검'하도록 구성되어 있다. 교과서로 공부할 때 대부분 아이가 이 부분에 큰 의미를 두지 않는다. 하지만 소희의 경우는 달랐다. 어렴풋이 기억하는 수업 시간 소희의 모습에서는 교과서의 어떠한 부분도 허투루 넘어가지 않는 꼼꼼함이 보였다. 다른 아이들은 주의 깊게 여기지 않는 부분에 대해서도 의문을 갖고 그 부분을 해결하고자 노력했다. 그뿐 아니라 자기 스스로 공부할 때도 자기 모습에 대해 스스로 점검하는 모습을 보였고, 그 외 강의 및 부교재를 사용해 공부할 때도 자신의 실력에 맞는지 계속 '점검'했다.

앞서 언급한 중간고사 기간에는 많은 아이가 타의에 의한 가짜 공부를 한다. 진짜 공부가 아니라 공부하는 척하는 것이다. 타인의 의지로 다니는 학원, 선생님이 찍어주는 문제, 암기하라는 것만 하는 이러한 공부법으로는 결코 승부를 볼 수 없다. 이것은 공부하고 있는 것이 아니라, 공부하는 척만 하는 것이다. 자기주도 공부가 된다면 그다음은 자신의 공부 모습이 적절한지 점검하는 자세이다. 이것이 최상위권 아이들의 공부 방법 핵심이다.

넷째, 표현하는 공부를 게을리하지 않는 습관

국어 영역은 '듣기, 읽기, 말하기, 쓰기'이다. 국어 교과가 다른 과목의 기본이 되는 교과라 여기는 이유는 듣기, 읽기, 말하기, 쓰기가 아이들의 공부 활동에서 가장 기본적인 활동이기 때문이다. 이 중 이해에 해당하는 영역은 듣기와 읽기이고, 표현에 해당하는 영역은 말하기와 쓰기이다. 나는 듣기와 읽기를 '이해하는 공부'라 명명하고, 말하기와 쓰기를 '표현하는 공부'라고 명명했다. 매해 최상위권 아이들이 어떻게 공부하는지 유심히 지켜본 바로는, 이해하는 공부만 하는 많은 아이와 달리 그들은 표현하는 공부를 게을리하지 않았다는 특징이 있었다.

1) 이해하는 공부

수업 시간에 수업을 듣는 것, 인터넷 강의를 듣는 것은 '듣기'에 해당하고, 교과서나 참고서 등을 읽는 것은 '읽기'에 해당한다. 그리고 이 모두가 이해하는 공부이다.

아이들은 수업 듣기, 인터넷 강의 듣기, 책 읽기 등 이해하는 공부에 치중하고 있다. 왜냐하면 이해하는 공부는 공부 과정이 눈에 보이지 않기에, 큰 노력을 기울이지 않아도 선생님이나 부모님에게 공부하는 모습을 보일 수 있기 때문이다. 바로 이 점이 이해하는 공부의 한계점이기도 하다.

사실 이 부분을 좀 더 이해하기 위해서는 자세한 설명이 필요하다. 우리 일상의 많은 부분에서 듣기가 이루어진다. 적극적으로 듣는 것과 그냥 들리는 것은 다르다. 수업에서 이루어지는 듣기는 내용 이해, 추론, 비판적 사고를 요구하는 고차원적 사고 활동이지만, 이이기 '들리기' 활동만 하고 있는지 '적극적인 듣기' 활동을 하고 있는지는 확인하기 쉽지 않다. 당연히 수업에서의 듣기는 '적극적인 듣기' 활동이어야 한다. 하지만 수업 중 아이들은 '들리기'만 하는 것을 종종 본다. 수업 중 갑자기 질문을 던지면 당황하는 아이들이 많다. 우리가 자주 하는 '수업 중 집중해라'라는 말은 '듣기 과정을 허투루 하지 마라'라는 의미다.

교육학자 이혜정의 저서 『대한민국의 시험』에서 듣기에 대해 생각해 볼 수 있는 연구를 소개하고 있다. 학생의 일과 패턴에 따른 교감신경계 변화의 실험이다.

MIT 미디어랩은 한 대학생에게 검사 장치를 붙이고 일주일 동안 교감신경계가 언제 얼마나 활성화되는지 기록했다. 교감신경계가 활성화된다는 것은 각성, 집중, 흥분, 긴장 등이 증가된 상태를 의미하고, 반대로 불활성화된다는 것은 각성

이 거의 없는 상태, 좀 과하게 표현하면 멍하니 있는 상태를 의미한다. (중략)

그런데 교감신경계가 불활성화되는 경우가 또 하나 있다. 다름 아닌, 학생이 수업을 받을 때. TV를 볼 때와 비슷한 정도로 교감신경계가 불활성화된다.[15]

우리가 일반적으로 공부한다고 할 때 주로 연상되는 장면은 수업을 듣는 것이다. 이 연구 결과에 따르면, 강의만 듣는 것은 굉장히 비효율적이라는 것을 알 수 있다. 강의를 듣는 아이들의 뇌는 하루 종일 TV를 보는 것과 별반 다르지 않은 상태라는 것이다.

교과서나 참고서를 읽는 '읽기'도 이해하는 공부로, 우리가 흔히 사용하는 공부법이다. 국어 교과에서 '읽기'는 적극적으로 의미를 구성해 나가는 과정으로, 이를 재구성하여 요약하기 단계까지 나가는 것이 의미 있다고 보고 있다. 즉, 단순히 눈으로 책 내용을 따라가는 것은 큰 의미가 없다는 말이다. 하지만 이해하는 공부가 가지는 한계, 즉 공부하는 과정을 눈으로 확인할 수 없다는 점에서 아이들은 의미를 구성해 나가는 읽기 과정이 아닌 눈으로 훑는

---

15 이혜정,『대한민국의 시험』, 다산지식하우스, 2017, p.74-76.

읽기 과정을 진행하고 있다고 볼 수 있다.

이해하는 공부는 공부하는 방법으로 꼭 필요한 공부이다. 주변에서 듣기와 읽기에 해당하는 이해하는 공부를 하는 아이들을 심심치 않게 볼 수 있다. 하지만 이해하는 공부의 경우 세심하게 아이들의 공부를 살펴봐야 한다.

2) 표현하는 공부

우리는 종종 안다고 생각한 내용을 표현할 때 사실은 잘 모른다는 것을 깨닫곤 한다. 내가 모른다는 것을 알게 된 후에는 자연스럽게 해결하기 위한 전략을 고민하기도 한다. 표현하는 공부에 대해서 말하기와 쓰기로 나누어 살펴본다.

① 말하기(가르쳐 보기)

대학생 때 나는 고등학생에게 국어를 가르칠 기회가 있었다. 국어 교사의 꿈을 갖고 있었기에, 임용되기 전 아이를 가르치는 경험은 굉장히 소중했다. 그때 고전 문학을 가르친 것이 생각난다. 가사 문학의 백미인 〈관동별곡〉은 대학 때 수업을 듣고 임용 공부를 위해 따로 공부해도 잘 이해되지 않는 작품이었다. 잘 이해되지 않으니 무작정 외웠을 뿐이다. 그리고 이 정도면 되었다고 생각한 후 아이를 가르쳤다.

그런데 함께 공부하던 아이와 관동별곡을 한 구절씩 음미하다 보니, 왜 관동별곡이 가사 문학의 백미라고 하는 지 이해할 수 있었다. 학생 입장에서 수업을 들을 때는 알 쏭달쏭하던 내용이, 선생님 입장이 되어 설명하다 보니 명료해지는 경험은 꽤 충격적이었다. 문학적인 아름다움의 의미를 스스로 찾아낸 것이다. 나는 그때 모르는 것을 안다고 착각하고 있었다는 것, 그리고 지식을 말로 설명할 때 확실히 알게 된다는 사실을 깨달았다.

대학교 때 문법을 가르쳐 주신 교수님은 항상 발표 수업을 진행하셨다. 문법의 여러 파트를 조별로 나누어서 그 내용에 대해 이해할 수 있게 하셨다. 그리고 질의-응답을 학생들끼리 할 수 있게 토론의 장을 마련해 주셨다. 몇십 년이 지난 지금도 그때 공부했던 내용이 기억에 남아 있다. 그 영향을 받아 나는 종종 수업 시간에 가르쳐 보기 수업을 진행하기도 한다. 발표 수업을 진행할 때 '선생님의 입장이 되어 친구들에게 설명하라'라고 말한다. 이 수업 방식을 진행할 때 선생님이 되어 발표한 아이들은 그 내용을 확실히 알게 된다. 또한 성적 최상위권 아이들은 알아야 할 내용의 핵심을 잘 이해하고 전달한다. 그리고 그 방법을 익숙하게 여긴다.

EBS 교육대기획『학교란 무엇인가』에서는 상위 0.1%
학생인 지우의 의미 있는 공부법을 소개하고 있다.

지우는 자신이 모르는 것을 자신의 것으로 만드는 방법을
정확히 알고 있다. 누군가에게 지식을 가르친다는 것. 그것
은 그저 대충 알아서는 불가능한 일이기에, 지우는 가끔 선
생님이 되어본다. 뭔가 이해가 잘 안 되는 부분이 나오면 한
두 시간씩 엄마에게 수업을 하곤 한다.
지우의 설명을 들으며 엄마는 궁금한 것을 물어보기도 하고
지우와 대화를 나누기도 하면서, 지우의 완벽한 이해를 도
와준다. 체계적으로 정리하는 과정을 통해 지우는 자신이
무엇을 알고 있는지, 무엇을 모르는지에 대해 정확하게 알
게 되는 것이다.[16]

교사라는 직업상 수업을 준비해 진행하고 아이들의 질
문에 대답하는 전반적인 과정을 거치면서, 나 스스로 깊이
있는 공부를 하게 되었다. 날마다 수업 준비를 하다 보니
내가 잘할 수 있는 것과 없는 것, 어려운 내용과 쉬운 것,

16 EBS 〈학교란 무엇인가〉 제작팀, 『학교란 무엇인가』, 중앙BOOKS,
2011, p.221-p.222.

아이들에게 제시한 수준별 내용의 단계적 적용을 자연스
레 익힐 수 있게 되었다. 듣기와 같은 이해하는 공부를 할
때 모호하게 다가오던 개념이, 말하기와 같은 표현하는 공
부를 하였을 때 명확해지는 것도 경험하였다. 이 과정이
반복되면서 가르치는 수업에서 공부하는 주체는 '아이들
이 아닌 선생님이다'라는 생각이 들었다.

② 쓰기(요약하기)

앞서 소개한 '가르쳐 보기'의 경우는 말하기에 해당한
다. 말하기는 시공간의 제약을 받는다. 아무리 말하기를
통해 공부하고 싶어도 조용한 교실이나 도서관에서 할 수
는 없다. 그리고 말하기는 청자가 있어야 한다. 물론 독백
의 형식처럼 아무도 없는 방에서 자기 자신을 청자로 삼
아 말하기를 할 수 있기는 하지만, 좀처럼 쉽지 않다. 상대
방이 없는 말하기는 현실감이 없기 때문이다. 상대방이 있
고, 상대방의 반응을 살피면서 가르쳐 보기를 해야 말하기
의 제맛을 느낄 수 있다.

하지만 쓰기의 경우는 다르다. 쓰기는 혼자서 가능하
다. 청자가 필요하지도 않고, 시공간의 제약을 덜 받는 상
태에서 표현하는 공부를 할 수 있다는 장점이 있다. 하지
만 단점도 있다. 쓰기는 아이들이 싫어하는 영역이다. 이

유는 간단하다. 쉽지 않기 때문이다.

　최상위권 아이들을 살펴보면, 시험을 준비하기 위한 유용한 공부 전략으로 '요약하기'라는 쓰기 전략을 사용한다. 오랜 시간에 걸쳐 준비한 시험공부를 '요약하기'를 통해 표현해 보는 것이다. '요약하기'를 할 때는 전체 내용을 이해한 후 개념에 따른 범주화를 해야 한다. 중요한 것과 중요하지 않은 것을 구분하는 능력은 국어 교과에서 굉장히 중요하다. 요약하기를 할 때 이 능력은 지속해서 요구된다. 그리고 범주화에 따른 명칭을 작성할 수 있어야 한다.

　다음 시간은 바로 시험이다. 분주한 아이들의 얼굴에는 긴장이 역력하다. 화장실을 드나드는 아이들의 얼굴에도 긴장과 초조함이 묻어난다. 지완이는 조용히 앉아서 노트를 꺼낸다. 그동안 자신이 공부한 내용을 차분하게 정리한 노트에는 까만색, 파란색, 빨간색 펜으로 밑줄이 그어져 있고, 포스트잇 같은 메모지도 붙어 있다. 지완이의 얼굴에서도 긴장한 내색이 보이지만, 우당탕거리며 책을 꺼냈다가 덮었다가 하는 지효와는 다른 모습이다. 대조적인 모습만으로도 누가 우수한 결과를 받을지 너무나 쉽게 알 수 있을 것 같다.

　내가 관찰한 최상위권 아이들은 지완이처럼 시험 기간

에 단권화한 자기만의 노트를 통해 공부하고 있었다. 짧은 시간에 효율적으로 공부하기 위해 자신이 정리한 요약 내용을 바탕으로 하여 자신이 모르는 내용의 핵심만 파악한다. 그 핵심을 파악하기 위해서 교과서를 읽을 때 중요한 단어와 중요한 문장을 빠르게 분석한다. 그리고 중요한 내용을 바탕으로, 이를 포괄하는 상위 개념의 어휘를 사용하여 표현하기도 한다. 그것을 자신의 노트에 요약하는 방법을 사용하면서 복습하는 모습을 보였다.

②

메타인지와
반성적 쓰기 공부법

대개 말이라 하기는 쉬우나 흔적이 없고, 편지란 세심하게
생각해서 깊이 생각할 수 있으므로 깊은 경지에 이를 수 있다.
만나는 때는 적고 헤어져 있는 때가 많으니, 나날이 의문을
주워 모아 문자로 만들어서 서로 되풀이해 가며 토론한다면,
자주 공부가 중단되는 걱정을 면할 수 있을 것이다.

– 이익, 『성호사설 제7권』, 인사문, 서독승면론

1

공부와 떼려야 뗄 수 없는 메타인지

공부와 메타인지의 연관성

'메타인지meta認知'를 교육심리 시간에 '자신이 아는 것과 모르는 것을 아는 것' 정도로 짧게 배우고 넘어갔던 기억이 있다. 내가 메타인지에 대해 본격적으로 관심을 갖게 된 때는 반성적 쓰기가 메타인지와 관련이 있다는 것을 알게 된 이후부터이다. '메타인지'에 대한 사람들의 관심이 늘었다고 느낀 것은 서점에 즐비한 '메타인지'를 제목으로 한 책들을 보았을 때였다. 특히 교육 관련 서적에 '메타인지'를 키워드로 한 책들이 많다. 요즘은 사교육의 홍보 전략으로 '메타인지'를 활용하는 것을 심심치 않게 볼 수 있다. 세간의 이러한 관심은 좋은 성적의 비법이 '메타인지'

라고 생각하기 때문인 듯하다.

공부와 메타인지의 연관성을 대중적으로 알리는 데는 EBS의 〈학교란 무엇인가〉 제작팀의 역할이 컸다. 이들은 실험을 통해 상위 0.1% 아이들의 메타인지 능력을 보여주었다.

일반 학생 5명은 답을 쓰기 전 대부분 8개에서 10개 정도 맞힐 수 있을 것 같다고 예측했는데, 실제로 맞힌 숫자는 4개에서 8개 사이였다. 예측한 숫자와 맞힌 숫자가 들쑥날쑥 달랐다. 그런데 0.1% 아이들은 자신이 예측한 숫자와 실제 맞힌 숫자가 거의 같았다. 10개를 예측한 아이가 11개를 맞힌 것 빼고는 정확히 일치했다.[17]

메타인지에 대해 깊이 있게 연구하고 우리나라 부모 교육의 방향성에 맞게 저술한 책은 리사 손 교수의 『메타인지 학습법』이다. 이 책과 후속책 『임포스터』에서 메타인지를 다음과 같이 설명하고 있다.

---

17 EBS 〈학교란 무엇인가〉 제작팀, 『학교란 무엇인가』, 중앙BOOKS, 2011, p.216.

나 자신을 잘 알기 위해서는 두 가지 단계를 거쳐야 한다. 내가 얼마나 알고 있는가를 판단하는 모니터링이 첫 단계이고, 앞으로 더 알아야 할 내용을 익히기 위해 좋은 공부 전략을 선택하는 컨트롤이 두 번째 단계이다. 가령 모니터링 단계에서 내용이 어려워 이해가 잘 안 된다고 판단했다면, 컨트롤 단계에서는 좀 더 공부해야겠다고 결정하게 된다.[18]

좀 더 거슬러 올라가서, 현대적으로 정리된 형태의 메타인지 개념을 밝히고 연구한 사람은 존 플라벨J. H. Flavell이라는 발달심리학자이다. 플라벨은 우리가 지금 알고 있는 메타인지 개념에서 인지적 현상을 점검하고 조절하는 기능으로 의미를 확장한 것으로 보인다.

메타인지라는 용어를 직접 사용하지는 않지만 이와 매우 유사한 개념들은 오래 전부터 존재한 것이 분명해 보인다. 고대 그리스 철학자 플라톤은 인지에 대해 인식하고 있었으며, 아리스토텔레스 역시 행동에 대한 자각을 인지하는 발언을 한 바 있다. 소크라테스의 유명한 격언 '너 자신을 알라' 또한 메타인지를 설명할 때 자주 등장하는 말이다.

---

18 리사 손, 『임포스터』, 21세기북스, 2020, p.5.

철학뿐만 아니라 교육학에서도 존 듀이John Dewey라는 학자가 반성적 독해Reflective reading를 강조한 바 있다. '반성 Reflective'이라는 것은 '메타인지'와 관련성이 깊다.

동양에도 메타인지를 이해한 현인들이 있다. 조선 영조 시기 실학자 이익李瀷이 성호사설에 공자의 말을 인용하고 있는데, 이 말은 우리가 아는 메타인지의 정확한 표현이다. 바로 "아는 것을 안다고 하고 모르는 것을 모른다고 하라"이다.

지금까지 메타인지에 대해 장황하게 설명이 길어진 이유는 공부 방법의 핵심이 메타인지라는 말을 하기 위해서이다. 즉, 공부 방법을 고민할 때 선행해야 하느냐, 후행해야 하느냐, 학원에 다녀야 하느냐, 엄마표 공부를 해야 하느냐는 부차적인 문제이다. 가장 핵심적인 문제는 '메타인지를 활용하는 공부법인가?'이다.

앞에서 성공적인 공부를 위한 세 번째 조건으로 '자기 주도 공부와 점검하는 습관'을 설명했는데, 여기서 소개한 소희의 '점검하는 습관'은 메타인지를 활용한 것이다. 아마도 소희는 메타인지의 개념에 대해서 잘 몰랐을 것이다. 하지만 스스로 '점검'을 하고 자기 모습에 대해 '조절'하는 모습에서 짐작하면, 이 개념이 명명되기 전 여러 학자가 메타인지에 대해서 인식했던 것처럼 이것을 활용한 것으로 보인다. 이처럼 공부법을 언급할 때 메타인지는 떼려야 뗄 수 없다.

메타인지와 생활

고등학교 문학 시간, 수업에 들어갔더니 분위기가 사뭇 들떠 있었다. 아이들이 다른 날과 다르게 시끌벅적했다. 무슨 일이냐고 물어 보니, 다가오는 체육대회를 위해서 반티를 결정하는 데 문제가 생겼다고 했다. 아이들 말로는 자기네 반이 먼저 해당 반티로 결정했는데, 선배 반에서 같은 모양의 반티를 결정했다고 통보(?)해서 어쩔 수 없이 양보해야 한다는 것이었다.

반티는 반의 개성을 드러내는 옷이기 때문에 다른 반이나 다른 학년과 같은 것을 하면 서로에게 불리한 상황이 된다. 상대가 선배이다 보니 합리적으로 시시비비를 따질 수도 없는 모양새였다. 반티의 개성을 살린 응원 계획 역시 변경이 불가피하다고 했다. 체육대회에서 반별 응원상은 점수가 가장 크기 때문에 먼저 선택한 반티를 포기할 수 없다는 아이들과, 선배한테 의견을 제시하는 과정이 쉽지 않으니 괜히 미움을 사기보다는 다른 반티를 찾아보자는 아이들의 의견이 대치되고 있었다. 팽팽한 긴장감 속에서 한 치의 양보도 보이지 않았다. 그때 반장인 지형이가 입을 뗐다.

"원래 체육대회는 단합이 목표잖아. 우리 반끼리도 단합해야 하고 우리 학교 전체의 단합도 해야지. 그런데 우리는 누굴 위해서 이렇게 싸우는 거지?"

지형이의 말에 교실은 순간 조용해졌다. 지형이의 지혜로움은 이렇게 학교생활 속에서 종종 드러나곤 했다. 지형이의 장점은 이것뿐만이 아니다. 지형이는 지나치지 않으면서도 시기적절하게 할 말을 잘한다. 이런 지형이가 아이들은 부담스러울 수도 있는데, 지형이는 인기가 좋은 편이다. 왜냐하면 웃기기 때문이다. 지형이의 가장 큰 매력은 수업 시간에 드러난다. 지형이가 속한 반은 항상 수업 분위기가 좋았다. 수업이 지루해질 때쯤 아이들은 지형이에게 눈빛을 보낸다. 그러면 지형이는 선생님에게 슬며시 유머러스한 말을 건넨다. 그 유머러스한 말은 수업 맥락에 어울리는 것이다. 수업 흐름을 끊지 않으면서 선생님의 기분을 상하게 하지 않고, 아이들의 웃음을 유발할 수 있는 그런 말을 하곤 한다. 선생님과 아이들의 반응을 예상한 재치 있는 말이다.

종종 영리한 아이들은 지형이처럼 수업을 진행하는 선

생님에게 농담을 건넨다. 이것은 수업 흐름을 끊는 것과는 다르다. 아이들끼리만 아는 이야기가 아닌 선생님도 알고 있는 재미있는 소재를 찾아서 선생님과 아이들을 함께 웃게 만들고 분위기 전환을 시도하는 것이다. 여기에 언어 감각이 있는 아이들은 상황에 적절한 유머를 활용하기도 한다.

이러한 농담을 할 줄 안다는 것은 아이가 굉장히 고차원적인 사고 활동을 하는 것으로 이해해야 한다. 왜냐하면 상대방의 반응을 고려하고 상황 맥락에 넘어서지 않으면서 상대방을 웃길 수 있는 말을 하는 것은 쉬운 일이 아니기 때문이다. 그리고 이런 말을 하는 것은 메타인지를 활용하는 아이들만이 할 수 있다. 잘 활용할 수 있는 메타인지를 가졌다는 것은 공부뿐만 아니라 인간관계, 사회생활도 유연하게 할 수 있는 능력을 지녔다고 해석할 수 있다.

우리는 공부를 잘하는 아이들이 커서 사회생활을 잘하지 못할 것이라는 통념을 갖고 있다. 하지만 내가 지켜본 바로는 오히려 그 반대이다. 공부를 잘하는 아이들이 사회에 나가면 일처리도 뛰어나고 인간관계도 매끄럽다. 공부를 잘하는 아이들은 메타인지 활용도가 뛰어날 가능성이 크다. 메타인지를 활용하는 능력을 업무나 인간관계 등 다양한 분야에서 활용하면, 그렇지 못한 사람보다 더 효율적으로 생활할 수 있다.

삶은 예상치 못한 다양한 문제를 해결하는 전략을 선택하는 과정이고, 이것이 모여 인생의 방향과 색깔이 정해진다. 좀 더 나은 삶을 위해서 아이들에게 길러 주어야 할 것은 문제 해결력이다. 이는 메타인지를 활용한 공부를 통해서 가능하다. 이처럼 메타인지는 공부를 넘어서서 아이들의 삶에 유용한 영향력을 행사한다.

어릴 때부터 메타인지 능력을 활용할 수 있다

둘째아이가 유치원에서 종이접기를 배워 왔다. 좋아하는 하트 모양을 만드는 종이접기를 몇 번 하더니, 갑자기 내게 가르쳐 주고 싶다고 했다.

"엄마, 우선 반으로 접어야 해. 그리고 반대쪽으로도 반을 접어야 해. 그리고 끝에서 끝을 뽀뽀하듯이 맞대야 해. 어? 이렇게 하는 게 맞나? 맞네. 그런 다음에……."

조잘조잘 말을 이어 가던 아이는 결국 내게 하트 모양 만들기를 가르쳐 주는 데 성공했다. 이 아이가 말하는 것을 보면, 메타인지를 사용해 유치원에서 배워 온 것(아는 것)을 자신의 언어로 엄마에게 설명하기(자신의 지식 활

용 가능성을 아는 것)를 시도한 듯하다. 내가 만 4세 아이
도 메타인지를 활용한다는 사실을 확인한 일화이다.

리사 손 교수의 저서『메타인지 학습법』에는 다음과
같은 심리학 실험이 나온다.

실험자는 18개월 된 아기와 엄마 사이에 짧은 징검다리 하
나를 놓아두었다. 이윽고 징검다리 건너편에서 엄마가 아기
의 이름을 부른다. 엄마의 목소리를 들은 아기는 신이 나서
다리 앞으로 뛰어가지만 징검다리를 건널 용기가 없어 안절
부절하며 엄마만 바라본다. 엄마는 아기에게 징검다리가 안
전하다는 신호를 보내며 제 힘으로 건너올 것을 유도한다.
(준략) 실험 결과 대부분의 아기는 징검다리를 건너는 대신
엄마에게 손을 뻗으며 도움을 요청했다.[19]

자신의 능력으로는 징검다리를 건널 수 없다고 판단하
고 엄마에게 도움을 요청하는 모습에서 18개월 된 아기도
메타인지를 사용할 수 있음을 알 수 있다. 예전에는 성인
에게만 메타인지가 존재한다고 판단했다. 하지만 여러 연
구를 거듭한 결과 메타인지는 유아기부터 존재하는 것이

19 리사 손,『메타인지 학습법』, 21세기북스, 2019, p.22.

밝혀졌다. 어릴 때부터 아이의 메타인지를 자극하는 환경에 노출된다면 몰입의 공부 시기에 메타인지 활용 능력을 극대화할 수 있을 것이다.

메타인지 발달의 결정적 시기가 있다

여러 학자의 연구를 종합했을 때, 메타인지 발달의 결정적 시기는 대략 초등 중학년으로 파악된다. 다음은 메타인지를 활용한 공부법의 적용 시기를 파악할 수 있는 연구이다.

① 유치원과 초등학교 아동들에게 한 번에 한 개씩 10장의 그림을 보여주고, 자신이 한꺼번에 몇 개의 그림 이름을 정확하게 암기할 수 있을 것인가를 예언하게 하는 과제를 주었다. 이 실험에서 유치원 아동은 반 이상이 10장 모두를 한꺼번에 외울 수 있다고 대답하고 실제로는 몇 개 기억해내지 못하는 부정확한 예언을 하였다. 이에 반해 초등학교 아동들은 예언량과 실제 기억량이 거의 일치하는 정확한 판단력을 보여주었다(Flavell et al., 1993).[20]

② 두 명의 아이가 서로 보이지 않도록 칸막이를 한 책상 양쪽에 앉아 있다. 과제 내용은 한쪽의 아이가 칸막이 반대쪽에 앉아 있는 자기와 같은 또래의 아이에게 자기가 집은 것과 같은 토막을 고를 수 있도록 설명하여 똑같은 나무토막 쌓기를 하게 하는 것이다. 만일 한쪽의 아이가 '동그란 나무토막이야.'라든가 '빨간 거야.'라고 하는 경우, 통 속에는 같은 색깔의 네모, 세모, 동그라미 토막도 있고, 같은 모양의 여러 색깔 토막들이 섞여 있으므로, 이는 적절하지 못한 표현이다. 4~10세인 유치원생에서부터 초등학교 5학년까지의 아동을 대상으로 이 과제를 시켜보면, 유치원생과 초등학교 1학년은 명백하게 상위 의사소통능력에 결함을 보이며, 시행 횟수가 거듭되어도 학습효과가 없었다. 이에 반하여 3학년과 5학년은 빠른 속도의 학습효과를 나타냈다(Krauss & Glucksberg, 1977).[21]

위 연구를 통해 알 수 있는 것은 본격적으로 공부와 연관 지었을 때 메타인지를 활용하는 능력은 초등시기 중학

---

20 송명자, 『발달심리학』, 학지사, 2008, p.169.
21 송명자, 『발달심리학』, 학지사, 2008, p.195.

년 이후가 가장 적절해 보인다는 사실이다. 어릴 때는 메타인지가 자극되는 생활에 노출되는 것이 충분하다. 이후 초등 중학년부터 메타인지를 활용하는 공부법을 고민하는 것이 효율적으로 보인다.

메타인지를 활용하는 수업과 쓰기

① 수업을 하고 나서 아이들에게 배운 내용을 노트에 적게 했다. 재미있게 수업을 진행했고, 분명 만족할 만한 수업이었다고 생각했다. 아이들은 집중했고, 내용을 이해한 것처럼 보였으며, 교과서에 나오는 문제도 제법 잘 풀었다. 간단한 퀴즈를 냈는데 대체로 좋은 점수가 나왔다. 문제는 그다음 날이었다. 전날 배운 내용을 조금 바꿔서 질문했더니 생각보다 많은 아이들이 기억하지 못했다.

② '동물원을 없애자'라는 주제로 토론을 진행했다. 토론 과정에서 선생님과 청중인 아이들은 토론하는 아이들의 주장과 근거의 타당성을 판단하며 듣기를 해야 한다. 준비 자료에 따라 열띤 토론이 이어졌고, 토론에 참여한 아이들은 즐거워했다. 하지만 판

단하며 듣기를 진행해야 하는 아이들 중 일부는 친구와 장난을 치고 있었다.

③ '음운의 체계'에 대해서 모둠별로 공부한 후 발표하는 날이다. 1모둠 발표자인 혜린이는 성실하지만 소극적인 성격이다. 발표 도중 긴장한 혜린이의 목소리가 점점 작아졌다. 같은 모둠원인 찬영이가 짜증을 냈고, 듣고 있던 아이들도 조금씩 웅성거리더니 이내 소란스러워졌다. 혜린이는 준비한 발표를 절반도 하지 못한 채 상기된 얼굴로 자리로 돌아갔다. 같은 모둠원 아이 중 일부는 혜린이에게 볼멘소리를 했고, 혜린이는 고개를 숙였다.

①, ②, ③은 모두 내가 아이들의 메타인지를 활용하는 수업의 장면이다.

①은 강의식 수업이다. 지식을 일목요연하게 정리하여 아이들에게 전달하는 방식으로, 방대한 내용을 전달할 때 유용한 수업이다. 강의식 수업은 아이보다 교사가 더 공부를 많이 한다는 단점이 있다. 가르치는 교사는 '말하기'의 표현 활동을 통해 메타인지를 활용할 수 있는 기회가 주어진다. 강의를 듣는 아이들은 강의 내용을 '안다'고 착각한다. 평소 아이들은 강의식 수업을 많이 경험하며, 강의식

수업이 무조건 나쁜 것만은 아니다. ①에서처럼 수업을 마친 다음에 퀴즈나 시험을 통해 지속적으로 내용 확인을 하여 아이의 적극적인 듣기를 유도할 수 있다. 이를 통해 아이들은 자신이 아는 것과 모르는 것을 점검할 수 있는 기회를 가질 수 있다.

②는 토론식 수업이다. 토론식 수업은 앞서 언급한 '표현하는 공부'에 해당한다. 요즘은 학교 현장에서도 토론과 같은 학생 참여 수업에 대해 많은 관심을 기울이고 있다. 토론은 서로에게 질문을 던지고 답을 하는 과정이다. 토론 수업에서 아이들은 많은 말을 하고 듣는다. 그 과정에서 비판적 사고력, 논리력 향상을 기대할 수 있다. 하지만 토론에 참여하는 몇몇 아이를 제외한 나머지 아이들은 적극적인 듣기 활동이 진행되어야 한다. 듣기 활동은 말하기 활동보다 공부 효과가 떨어지기 때문에, 말하기를 진행한 아이들에게만 의미 있는 수업이 되었다.

③은 발표식 수업이다. ②와 마찬가지로 말로 표현하는 수업에 해당한다. 말하기가 적성에 맞는 아이들이 있다. 말하기 활동은 예상하지 못한 상황에서 임기응변을 발휘해 대처해야 하는 민첩함도 요구되는 표현 활동이다. 어조, 억양 등의 반언어적 표현과 몸짓, 표정 등의 비언어적 표현도 말하기 상황에서 중요한 요소이다. 그렇기 때문에,

말하기를 하는 표현 활동에서는 말할 내용뿐만 아니라 또 다른 부가적인 요소에 관심을 기울여야 한다. 그리고 말은 한번 뱉으면 돌이킬 수 없다. 그렇기에 내용을 되짚어 보며 평가하기가 쉽지 않다. 교사는 여러 아이에게 말하기의 경험을 주어야 하는데, 특히 소극적인 성향의 아이들도 동등한 경험을 할 수 있게 세심한 관찰과 주의를 기울여야 한다. 실제로 소극적인 성향인 아이들은 말하기 수업을 부담스러워하기 때문이다.

①, ②, ③의 사례에 없는 영역이 있다. 말하기와 더불어 표현의 영역인 '쓰기'이다. 쓰기는 긴 시간에 걸쳐서 자신과의 대화에서 나온 산물이다. 말하기와 달리 시간과 공간의 제약을 덜 받으며, 말하기보다 더 내용에 집중할 수 있다. 또한 말하기는 구어체를 사용한다는 점, 쓰기는 문어체를 사용한다는 점에서도 쓰기는 말하기보다 더 효과적인 공부법이다. 예전부터 우리는 책을 통해 지식을 전달받았다. 쓰기 방법이 말을 통한 전달보다 인정받은 공부법이라고 볼 수 있다.

이어지는 페이지에서는 이처럼 여러 가지 장점이 있는 쓰기를 활용한 공부법에 대해서 구체적으로 살펴볼 것이다.

2

반성적 쓰기
공부법의 이해

반성적 쓰기란 무엇인가?

반성적 쓰기 공부법을 언급하기 전에 먼저 메타인지를 설명했는데, 그 이유는 반성적 쓰기가 바로 메타인지를 활용하는 공부법이기 때문이다. 반성적 쓰기 공부법은 반성적 쓰기를 기반으로 하므로 먼저 반성적 쓰기에 대해 살펴보자.

나는 2004년 대학원에서 논문을 쓰기 위해 지도 교수님의 지도하에 반성적 쓰기를 만났다. 지역의 인문계 고등학교의 반성적 쓰기를 논술 지도법으로 적용했다. 실험군이었던 단일집단 28명을 모집한 후 사전 검사 1회, 그리고 6회기에 거친 논술 사후 검사 1회를 실시했다. 대학입시에 사용된 문제를 논술 문제로 뽑아 동료 선생님의 검토하에 난이도 선별을 했다.

일반적으로 논술을 지도하는 방법은 모방과 첨삭이다. 물론 이런저런 다른 방법을 사용하기도 하지만, 모방과 첨삭이 여러 가지 측면에서 효율적이기에 주로 이 방법을 사용한다. 모방의 교수 학습 방법이 이루어질 때 전제하는 바는 선생님이 우수한 글쓰기의 모델이라는 점이다. 이에 대한 아이들의 신뢰가 부족하면 쓰기 지도에 대한 신뢰도가 떨어지게 된다. 또한 첨삭의 방법은 아이들의 쓰기 정서에 좋지 않은 영향을 미친다. 첨삭을 자신의 글에 빨간 줄이 그어져 있는 모습으로 받아들이는 순간, 아이들은 좌절감을 느낀다고 한다. 좀 더 반항적인 아이들의 경우는 더 이상 쓰고 싶은 동기를 상실하여 그것을 밖으로 표출하기도 한다.

이와 같은 여러 단점에도 불구하고 모방과 첨삭이 쓰기 지도의 주된 방법으로 사용되는 이유는 이를 대체할 만한 논술 지도 방안이 없기 때문이다. 나는 연구 목적을 위해 수업을 진행하면서 반성적 쓰기에 대해 이론으로 접한 후 처음으로 아이들에게 적용했다. 일단 아이들의 반응은 '신선하다'였다. 논술의 교수 학습 방법으로 모방과 첨삭에 대해서만 인지하고 있는 아이들이 많았기 때문인 듯했다. 실험 결과도 우수했다. 전체 아이들의 논술 실력이 향상된 것이다. 더불어 내가 중요하게 생각하는 '쓰기 정서' 면에서도 쓰기 효능감이 올라가는 것을 알 수 있었다. 이 방법이 기존의 쓰기 지도법으로 활용되는 모방과 첨삭을 대신할 수 있는 좋은 방안이라는 것을 알게 되었다.

그렇다면 반성적 쓰기란 무엇일까? 먼저 반성은 되돌릴 반反, 살필 성省을 쓰는 단어이다. 영어로는 Reflection, 즉 '자기 모습을 스스로 되돌아보는 것'을 의미한다. 즉, 반성적 쓰기라는 것은 자기 모습을 되돌아보며 쓴 글쓰기를 말한다.

공부를 할 때 반성적 쓰기를 한 아이는 자기 모습을 객관화하여 볼 수 있다. 그리고 자신의 문제점을 스스로 파악할 수 있다. 문제점을 파악한 아이는 이를 해결하고자 하는 기회를 얻게 된다. 자신의 공부 모습을 객관적으로 본 아이들은 그 다음 순서로 문제점을 파악하고, 문제 해결 전략까지 나아갈 수 있는 경험을 한다.

이처럼 반성적 쓰기를 경험한 아이는 스스로 자신의 문제점을 찾는 데 익숙해진다. 설령 자신의 문제점을 찾아내지 못한다 하더라도 선생님이나 부모님의 도움으로 사고 과정의 문제점을 찾아낼 수 있는 환경적 조성이 완성된다. 이 모든 과정이 아이 스스로 이루어 내는 것으로, 선생님은 최소한의 조력자 역할을 하게 된다.

　나는 반성적 쓰기를 경험한 아이들의 실력이 전보다 한 단계 상승하는 것을 관찰할 수 있었다. 이 과정에서 다른 이의 조력에 의존하기보다는 스스로의 노력으로 실력이 향상되는 경험을 통해 아이들의 공부 감정이 긍정적으로 변화하는 것도 관찰했다.

　사실 반성적 쓰기는 최근에 새로 나온 개념은 아니다. 오래 전부터 교수 학습 방법으로 활용되었다는 점에서 반성적 쓰기의 긍정적 효과는 이미 입증되었다고 볼 수 있다. 현시대가 요구하는 능력을 키우기에 적합한 공부 방법임에도 불구하고, 사람들이 이를 잘 모르고 있는 것 같아 아쉬움이 남는다.

　다음은 당시 연구를 위한 목적으로 아이들에게 배부한 자료이다. 반성적 쓰기를 이해하는 데 도움이 될 것이다.

반성적 쓰기를 하는 이유는?

의사나 간호사는 환자 치료 후 의료적 처치가 적절했는지를 판단하기 위해 전 처치 과정을 돌아보며 글쓰기를 합니다. 이를 통해서 이론적으로만 아는 것이 아니라 알고 있는 것을 바르게 실행했는지, 문제점은 무엇인지, 어떻게 하면 더 좋은 치료 효과를 얻을 수 있을 것인지를 고민합니다. 이후 비슷한 환자를 치료할 때 실수를 줄이고 효과적인 처치를 할 수 있는 방법을 알 수 있게 됩니다.

반성적 쓰기도 마찬가지입니다. 자신이 글쓰기를 할 때 무엇이 어려웠는지, 그리고 어떻게 하면 다음 글을 쓸 때 부족한 부분을 보충하고 더 좋은 글을 쓸 수 있는지 생각해 보는 시간을 갖게 됨으로써 글쓰기에 많은 도움을 줄 수 있습니다.

반성적 쓰기를 하는 방법은?

반성적 쓰기는 일기처럼 솔직하고 자연스럽게 씁니다. 일기가 하루 일과를 돌아보고 있었던 일들을 쓰고 그 과정에서 스스로 반성할 수 있듯이, 글쓰기 과정에서 나타난 자신의 모습을 생각하면서 쓰는 것입니다. 따라서 꾸며서 쓰지 않고 있는 그대로를 씁니다. 내용이 부정적이어도 자세히 쓰는 것이 좋습니다.

'대충', '그냥', '잘 모르겠다'라고 기록하는 것은 좋지 않습니다. 쓰기 과정에서 겪었던 곤란했던 순간, 문제점, 좋았던 점 등을 자세하게 쓰도록 합니다.

왜 쓰기인가?

연구를 마치고 일상으로 돌아온 후에 내가 반성적 쓰

기를 활용한 수업 지도를 하게 된 계기가 있다. 인문계 여자 고등학교에서 부임이 끝나고 간 학교는 중학교였다. 중학생 아이들의 쓰기 동기는 고등학생 아이들에 비해 훨씬 낮았다. 그리고 아이들은 제대로 글을 쓴 경험이 부족했다. 이 아이들과 함께 쓰기 활동을 하고자 시도한 것이 첫 시작이었다.

국어는 '듣기, 말하기, 읽기, 쓰기'의 4대 영역이 있다. 쓰기 지도에 목말라 있던 터라 내가 담당하는 수업 내에서 쓰기 지도를 처음으로 시작하게 되었다. 쓰기 지도를 적극적으로 하려니 생각보다 걸림돌이 되는 것이 많았다. 우선 아이들은 쓰는 것을 싫어한다는 사실이었다. 그리고 '무엇을', '어떻게' 써야 하는지 막막해하는 아이들도 엄청 많았다.

우리는 초등학교 1학년부터 고등학교 1학년까지 국민 공통 교육기간 10년 동안 '쓰기'를 배운다. 하지만 아이들은 항상 '쓰기'를 어려워하고 '제대로 글을 써 보지 못했다'라고 토로한다. 참으로 답답한 현실이다. 기존의 고전적인 쓰기 지도인 모방과 첨삭은 정서법이나 문법에 어긋난 문장을 고쳐 쓰거나 분량을 봐주는 정도이다. 이처럼 소극적인 지도에 그친 것도 아이들이 받아 온 쓰기 지도의 문제점이다.

국어 시간에는 듣기, 말하기, 읽기와 더불어 쓰기를 진행한다. 무엇보다 쓰기는 쓰기 활동을 통해 사고력, 논리력, 창의력, 문제 해결력을 동시에 기를 수 있는 영역이다. 쓰기 자체는 일련의 목표 지향적인 문제 해결 과정으로, 쓰기의 전 과정-계획하기, 내용 생성하기, 내용 조직하기, 내용 표현하기, 고쳐쓰기-을 통해 다양한 문제를 해결하고자 하는 적극적인 사고 활동이다. 쓰기 활동을 하는 것만으로도 생각을 구조화하고 재조정하는 고차원적인 사고 활동이 된다. 어쩌면 아이들이 쓰기를 싫어하는 것은 이와 같은 능력이 필요하기 때문일 것이다. 즉, 쓰기를 진행하는 동안 아이들의 머릿속은 과부화가 걸릴 수밖에 없는 구조이다. 이를 달리 해석하면 쓰기는 사고력, 논리력, 창의력, 문제 해결력을 동시에 올릴 수 있는 굉장히 효율적이고 효과적인 방법이라는 의미이다.

빅테크 시대에 소리 없는 전쟁은 이미 시작되었다. 우리는 인공지능AI에 지배당하지 않고 지배해야만 한다. 2016년 인공지능 알파고와 바둑기사 이세돌의 대결에서 인공지능이 우승했다는 소식이 사람들을 놀라게 했다. 인공지능은 발전을 거듭했고, 요즘에는 인공지능이 그린 그림이 미술대회에서 상을 받았다는 소식이 들려온다. 이런 사회에서 정확하고 분명한 의사소통 능력은 큰 의미를 지닌다.

인공지능을 사용하는 인간은 자신이 원하는 바를 최단 시간에 효율적으로 인공지능에게서 얻어 내야 한다. 인공지능은 사람과 달리 의사소통 과정에서 명확하고 분명한 질문을 해야 원하는 바를 알려 준다. 이때 명확하고 분명한 의사소통 능력은 비언어나 반언어가 개입되지 않는 정확한 어휘 구사력을 지닌 쓰기 능력에서 함양될 수 있다. 인공지능을 지배할 수 있는 의사소통 능력을 키우는 데 '쓰기'보다 더 효과적인 교육 방법은 찾을 수 없을 것이다. 이것이 바로 쓰기를 포기할 수 없는 이유이다.

기존에 나온 많은 책에서 메타인지 공부 방법으로 '가르쳐 보기'라는 말하기 방법을 제시하고 있다. 이 또한 좋은 방법이다. 하지만 공부할 때마다 부모님을, 선생님을, 친구를 앞에 두고 말하기를 시도하기는 어렵다.

반면, 쓰기는 공부하고자 마음먹은 아이에게 노트 하나만 있으면 된다. 또한 쓰기는 말하기에 비해 공부 점검 목적에 더 적합하다. 쓰기 자료는 아이의 사고 과정을 시간 간격을 두고 면밀하게 볼 수 있다는 점에서 더 정확하게 점검할 수 있다. 그리고 그 점검자가 '아이 스스로'일 수도 있고, 믿고 의지할 만한 '조력자'도 될 수도 있다는 점에서 선택의 폭이 넓다는 장점이 있다.

마지막으로 쓰기는 상황 맥락에 따라 고려할 것이 많

다. 독자의 지식 수준, 독자의 요구사항, 쓰는 이가 주고 싶은 메시지 등을 고려하다 보면 메타인지를 활용할 수밖에 없다. 이처럼 쓰기는 아이의 메타인지를 자극할 수 있는 좋은 공부법이다.

도전해라, 실패해라, 그것을 적어라

메타인지 능력은 성공과 실패의 경험을 통해 서서히 발달한다. 이것이 우리에게 주는 메시지는 다음과 같다.

첫째, 도전해라.
둘째, 성공뿐만이 아니라 실패도 좋은 공부이다.

그렇다면 메타인지를 활용하는 반성적 쓰기를 수업 시간에 어떻게 적용할 수 있을까? 나는 수업 시간에 교과서와 공책을 준비한다. 수업 시간에는 교육과정 성취 기준을 통해 지향하는 활동들이 있는데, 주로 아이들과 함께 그 활동들을 한다. 말하자면 학생 중심 수업이다.

반성적 쓰기를 하기 위해서는 아이들이 도전할 기회를 주는 것이 첫 번째다. 예를 들어 국어 수업 시간에는 말할 기회, 들을 기회, 쓸 기회, 읽을 기회가 있다. 다른 수업도 크게 다르지 않다. 이러한 활동들은 교사 혼자 해서는 이루어질 수 없기에 아이들에게 참여할 기회를 주는 것이다. 아이들은 수업 시간에 말해야 하고, 들어야 하고, 글을 써야 하고 읽어야 한다.

그리고 그 기회를 주면서 내가 반드시 덧붙이는 말이 있다. 바로 "그냥 해"이다. '실수할까 봐, 틀릴까 봐, 친구들이 웃을까 봐' 등등의 걱정을 하지 않는 것이 좋다. 아이들은 항상 실패를 두려워한다. 틀리면 안 된다고 생각한다. 정답을 맞히면 선생님에게 인정받았다고 생각하지만, 전혀 아니다.

선생님들은 아이가 할 수 있다고 생각하는 범위를 넘어서서 성취를 이루는 것을 응원한다. 현재의 실력보나 앞으로 할 가능성에 의미를 부여한다. 성장을 하려면 실패해야 한다. 실패를 두려워해서 아무것도 하지 않는 것, 나는 그것을 경계한다. 그래서 항상 아이들에게 "틀려도 상관없는 일이다. 하지 않는 것이 잘못된 일이다."라고 말한다. 실패할까 미리부터 겁먹고 도전하지 않는다면 얻는 것이 없다.

쓰기 활동을 시작하면 항상 '적을 내용'이 없다고 호소하는 아이들이 많다. 그래서 적을 내용을 '국어 수업 시간'

으로 제한했다. 이렇게 해서 쓰기의 소재가 해결되었다. 이것은 수업 시간에 선생님도 친구도 아닌, 바로 '자기 자신을 주인공으로 삼아 자신이 한 일을 제삼자가 보듯 객관적으로 적어라'라는 의미이다. 만약 자신이 발표를 했다면 발표 내용과 발표하는 모습을 적으면 된다. 선생님의 수업 내용을 들었다면 그 내용과 자신의 듣기 모습을, 친구의 발표를 들었다면 친구의 말하기 내용과 그것을 듣고 있던 자기 모습을 적게 했다.

이 활동을 하면서 아이들이 변화하기 시작했다. 아무것도 하지 않으면 아무것도 적을 수 없기 때문에 무엇인가를 했다. 적극적인 듣기도 하고, 발표도 하고, 메모도 했다. 즉, 수업 시간의 주체가 자기 자신이 되는 경험을 하게 된 것이다. 이를 통해 성공적인 공부를 위한 세 번째 조건인 '자기주도성'을 확보하게 되었다.

이때 잘한 내용만 적지는 않는다. 친구들과 장난친 것, 준비물을 가져오지 않은 것, 다른 생각을 한 것 등, 자유롭게 적도록 한다. 부정적인 내용을 적었다고 해서 아이들이 야단맞을 일은 없다. 자신을 객관적으로 보았기에 오히려 칭찬을 받는다.

아이들이 학교에서 배우는 기본 수업만 계산해도 공부 시간은 많은 편이다. 그러나 시간보다 더 중요한 것은 집중력이다. 그냥 공부하는 '척'을 하는 것이 아니라 실제 공부하는 시간이 핵심이다. 나는 반성적 쓰기 공부법을 하면서부터 수업 시간에 실제로 공부하는 아이들이 늘어나는 것을 목격하였다. 그러니 성적이 향상되는 것은 두말하면 잔소리다. 메타인지를 활용하는 '반성적 쓰기 공부법'은 이렇게 탄생하게 되었다.

너 자신의 부족함을 스스로 알게 하라

그 오래전 소크라테스의 '문답법'은 소크라테스가 상대방의 무지를 일깨울 목적으로 사용한 것이다. 소크라테스는 상대방을 막다른 골목에 이르게 해서, 사신은 알고 있다고 생각했지만 사실은 알지 못함을 일깨워 주었다. 이 문답법은 상대방의 무지를 깨우치게 하는 좋은 방법이었다. 하지만 소크라테스 자신은 많은 적을 만들게 되면서 죽음에 이르고 말았다.

모른다는 것을 아는 것은 우리의 생각보다 훨씬 힘든 일이며, 이를 인정하는 것도 굉장한 용기가 필요한 일이다. 성장하기 위해서 우리는 스스로의 부족함을 들여다보아야 한다. 하지만 그 부족함을 깨닫고 고치기 위해서 적을 만든다면, 그 성장은 힘에 부치게 된다. 스스로 부족함을 깨닫고 고치는 것이 가장 올바른 방법일 것이다.

알고 있는 것과 익숙한 것은 다른 것이다. 많이 들어 본 것 같은 익숙한 이야기를 들었을 때, 우리는 '안다는 느낌'을 받는다. 그 옛날 현인이라 불리던 사람들도 지금의 우리와 다르지 않았던 듯하다. 많은 이들이 '안다는 느낌'과 '실제 아는 것'을 착각했고, 소크라테스만이 자신이 모르는 것을 아는 현자였으니 말이다.

메타인지를 자극하는 공부법으로 반성적 쓰기 공부법만 있는 것은 아니다. 앞서 '메타인지를 활용하는 수업과 쓰기'에서 살펴보았듯이 다양한 방법이 있다. 그런데도 반성적 쓰기 공부법이어야 하는 이유는, 유일하게 이 방법만이 시공간을 초월하여 자신의 부족함을 아이 스스로 알게 하기 때문이다.

대부분의 공부 코칭은 제삼자가 아이의 부족함을 지적하도록 한다. 이 방법은 과거의 소크라테스에게 많은 적이 있었던 것처럼, 제삼자와 아이 사이의 관계가 나빠질 수 있다. 그와 같은 문제점 없이 자기 모습을 기록하여 자기 스스로 여러 번 점검이 가능한 환경을 만들어 주는 것은 반성적 쓰기 공부법만이 가능하다.

반성적 쓰기 공부법과 공부 감정

시아는 시험에 대한 긴장도가 높은 학생이다. 강박으로 보일 정도로 시험에 불안감을 느낀다. 시험 기간만 되면 배가 아프고, 위경련과 같은 통증을 느낀다. 이번 시험에서도 시아는 통증을 느끼고 시험을 망쳤다. 시아의 증상은 신기하게도 시험이 끝나면 괜찮아진다. 시아는 이루 말할 수 없을 정도로 속상하다. 이번 시험을 준비하기 위해 시아는 꽤 많은 시간을 노력했다. 하지만 시험 때면 찾아오는 불안함 때문에 걱정이 크다.

학교에는 시아와 같은 아이들이 생각보다 많다. 시아는 시험에 불안감이 높다. 이러한 아이들을 어떻게 도울 수 있을까? 불안한 감정을 없애야겠다고 생각하는 순간, 불안감은 다시 스멀스멀 올라온다. 오히려 그러한 감정이 든다고 인정하는 편이 더 나을 수도 있다. 더 나아가 감정을 조절할 수 있도록 주위에서 도와주어야 한다.

지금 시대는 끝없는 공부를 요구하고 있다. 빠르게 바뀌는 세상에서 자신에게 필요한 것을 찾아내 끊임없이 발전시켜야 한다. 한편, 학교에서는 지속 가능한 공부를 가르쳐야 한다. 단순한 암기를 지양한다는 것은 벌써 몇십년 전부터 나온 말이다. 본인에게 필요한 공부의 영역을 스스로 찾아내 그것을 끝까지 가져가기란 어려운 일이다. 이런 환경에서 살아가는 아이들 입장에서 공부할 때 불안감이 든다면 지속 가능한 공부를 할 수 없을 것이다.

반성적 쓰기 공부법에서는 공부 감정에 대해 작성하라고 말한다. 아이가 공부할 때 느끼는 감정을 생각한다는 것만으로도 교육적 의미가 있다. 자신의 감정을 알아차리도록 시도하는 것이기 때문이다. 자신의 감정을 알게 되면 왜 그런 감정이 올라왔는지 차분히 생각해 볼 수 있다.

나는 반성적 쓰기 공부법을 진행하는 동안 아이들의 공부 감정이 긍정적으로 변화할 수 있다고 확신하게 되었다. 왜냐하면 자신의 감정을 점검하는 과정에서 공부 결과가 아니라 과정을 되짚으며, 원래 공부라는 것은 즐거움을 준다는 사실을 알게 될 것이기 때문이다.

쓰기 지도법으로 반성적 쓰기를 만나 연구할 때, 쓰기 효능감에 대해 연구를 진행한 바 있다. 결론적으로 말하면, 반성적 쓰기는 쓰기 효능감을 긍정적으로 변화시킨다. 쓰기 효능감이 높은 아이들은 더 잘 쓸 수 있다. 이것을 반성적 쓰기 공부법에 응용하면 공부에 대한 자기 효능감이 높아질 것이라는 가능성을 시사한다. 앞서 '성공적인 공부를 위한 조건'에서 최상위권 아이들이 자기 효능감이 높았다는 사실을 기억하기 바란다.

반성적 쓰기 공부법을 방해하는 생각들

1) 최첨단 시대에 고작 쓰기라고?

손을 '제2의 뇌'라고 한다. 그래서 유아기 아이들이나 치매 환자들에게 손을 쓰는 활동을 유도한다. 앞에서 이야기한 것처럼 나는 수업 시간을 활용하여 반성적 쓰기 공부법을 한다. 반성적 쓰기가 익숙해지면 10-15분 정도 소요된다. 중학교 기준 45분 수업에서 반성적 쓰기를 제외하면, 아이들이 수업 중 활동하는 시간은 30-35분 정도이다. 수업이 끝나면 아이들은 노트를 펼치고 날짜를 쓴 다음, 반성적 쓰기를 시작한다.

나의 고민은 바로 이것이다. 반성적 쓰기 공부법이 너무 쉽고 간단한 공부법이라는 것. 최첨단 시대를 사는 요즘 교육계에서도 인공지능, 융합 수업 등 다양한 미래지향적 단어들이 이슈이다. 최근에는 컴퓨터 기반 테스트CBT를 도입하여 시험을 치르기도 하고, 메타버스를 활용하여 컴퓨터 안에서 또 다른 교실을 사용하기도 한다. 그런 것에 비하면 반성적 쓰기 공부법은 단순하다. 아이들은 노트와 펜만 있으면 된다. 아주 평범하고 고전적이다. 하지만 아이들이 공부하는 환경이 꼭 화려할 필요는 없다.

우리는 최첨단의 것들을 환호하며 즐긴다. 그리고 그

것을 따라가지 못하면 왠지 시대에 뒤처지는 것처럼 느껴지기도 한다. 학교에서도 다양한 콘텐츠가 활용되고 있지만, 우리는 여전히 종이책을 사용하고 있다. e-book과 태블릿 PC가 보편화되지 않아서라기보다는, 종이책이 훨씬 더 공부 효과가 좋기 때문이다.

현대사회에서 최첨단 기기의 활용 능력이 더욱 중요해지고 있는 것이 사실이다. 하지만 어릴 때부터 최첨단 기기를 잘 사용해야만 성인이 되어서 갖추어야 할 여러 가지 역량을 효율적으로 습득하게 된다는 연구 결과는 없다. 도구보다 더 중요한 것은 효율적인 공부 목적 달성 방법이다.

매체에 의존하지 않고 스스로 해야 할 것들을 하는 순간 창의력이 높아질 것이다. 하얀 백지에 채워 나가는 그림만큼 아이들의 창의력을 높일 수 있는 것은 없기 때문이다. 매 순간 공부 환경으로 디지털 기기가 필요하지는 않다. 다소 단순한 환경인 노트와 펜만으로도 아이들의 공부 환경을 채우는 데 부족함이 없다.

2) 글쓰기가 싫어요

오늘도 수업 시간에 아이들에게 질문을 한다.

"글쓰기를 좋아하는 사람 손 들어 보세요."

한 반에 2명 정도 손을 든다. 이 정도면 많은 편에 속한다. 선생님이 혹여나 글쓰기를 시킬까 봐 걱정하며 아이들은 나와 친구들의 눈치를 살핀다.

"글쓰기를 좋아하는 사람은 없어요. 선생님이 국어 선생님이니깐 글쓰기를 좋아한다고 생각하나요? 아니에요. 글쓰기를 하라고 하면 괴롭습니다. 생각할 거리, 결정해야 할 거리가 너무 많아요. 글쓰기를 좋아하는 사람은 정말 드물어요. 이 중에 글쓰기를 좋아한다고 손 든 친구들은 정말 대단한 친구들입니다."

내가 위와 같이 말하면, 손을 든 두 명의 학생은 쑥스럽지만 인정받은 듯한 웃음을 보인다. 다른 아이들은 호기심 어린 눈으로 나를 바라본다. 선생님도 글쓰기를 싫어한다는 말을 들었기 때문이다. 나는 이어서 다음과 같이 말한다.

"글은 잘 쓰려고 하면 안 돼요. 그냥 쓰는 것입니다. 그냥 한 편의 완성된 글을 작성하면 그게 잘 쓴 글입니다."

그리고 나는 정말 그렇게 생각한다.

머릿속에서 일어나는 글쓰기 과정은 눈으로 보여 줄 수 없이 혼자만 하는 일인 데다가, 선생님이나 부모님은 항상 그 결과물 곳곳에 고쳐야 한다고 피드백하기 일쑤다. 이 힘든 과정을 경험한 아이들은 글쓰기를 싫어하게 된다.

게다가 어려운 공부를 하고 나서 더 어려운 글쓰기를

하라면? 절대 하고 싶은 마음이 생길 리 없다. 하지만 앞서 언급했듯이 쓰기를 하면 얻는 것이 매우 많다. 쓰기 싫은 마음을 극복해야만 다음 단계로 넘어갈 수 있다.

3) 선생님에게 좋은 평가를 받아야지

반성적 쓰기를 할 때 선생님을 의식하면서 쓰는 아이들이 있다. 하지만 반성적 쓰기는 자기 자신을 위한 글이지 선생님을 위한 글이 아니다.

나는 아이들이 '선생님에게 좋은 평가를 받기 위한 목적'에서 벗어나도록 하기 위해 방향성을 잡을 수 있는 초반을 제외하고는 내용을 피드백하지 않는다. 아이들은 평가자가 자신이 쓴 글의 내용을 보고 평가할 것이라고 생각하는 순간 거짓된 내용을 적을 가능성이 있다. '선생님에게 잘 보이기 위해서, 좋은 점수를 받기 위해서, 모범생이라는 평가를 받기 위해서' 쓰는 것은 지양해야 한다. 시간이 걸리더라도 객관적으로 자신의 모습을 반영하는 것이 반성적 쓰기 공부법의 핵심이다. 사진첩에서 어릴 적 모습을 보면 그때 내가 어땠는지 객관적 시선으로 볼 수 있게 되듯이, 이 또한 시간이 지나서 스스로 객관화할 수 있을 때까지 기다리도록 한다.

시간이 걸리겠지만, 자신의 모습을 객관화하여 보는

것만 깨우친다면 그다음에는 빠른 속도로 자신에 대한 점검과 공부 전략을 짤 수 있을 것이라 확신한다.

4) 진도 나가기도 바쁜데 뭘 쓴다는 거야?

독서 감상문을 쓰기로 한 날이다. 나는 아이들에게 감상문이 무엇인지, 어떤 요소가 들어가야 하는지, 구성은 어떻게 짜야 하는지 등을 설명한다. 성격 급한 아이들은 설명을 듣기도 전에 글을 쓰기 시작한다. 나의 설명과 글을 쓰는 행위가 동시에 진행된다. 그러다 갑자기 내가 말을 하는 도중에 아이가 손을 든다.

"선생님 몇 문단 쓰면 되나요?"

"선생님 줄거리는 어떻게 써요?"

이런 질문들을 받으면 참 난감하다. 왜냐하면 지금 설명 중이니 말이다. 설명을 듣지 않고 순간순간의 문제점에 대해서 스스로가 아닌 타인의 도움을 얻고자 하는 것. 이것은 잘못된 공부 방법이다.

공부하는 과정은 긴 여행을 하는 것과 같다. 여행 중 언덕을 넘거나 물을 건널 수도 있다. 지금의 모양새로는 자신의 목적지가 어디인지도 모른 채 언덕이나 물을 만날 때마다 타인에게 물어 문제를 해결하는 것과 같다. 내게 질문하던 아이들은 결국 좋은 글을 쓰지 못했다. 천천히 선생님의 설명을 듣고, 목표를 설정하고, 스스로 연습해 나가던 친구들이 좋은 글을 작성했다.

반성적 쓰기 공부법은 처음에는 20-30분 정도 소요된다. 자신이 공부했던 태도, 방법, 내용 등을 떠올리며 정리하는데, 익숙해지면 10-15분으로 쓰는 시간이 줄어든다. 자신의 전체 공부 시간 중에서 10-15분 동안 점검하면서 나의 큰 목표를 위해 어디까지 왔으며, 앞으로 어떻게 해야 하는지 정리하는 시간을 소중하게 여겨야 한다. 조급함 때문에 점검 시간을 소홀히 여기다가는 얼마 가지 못해 방향을 잘못 들어 다시 돌아가야 할 수도 있다. 이 모든 것은 스스로 하도록 이끌어야 한다. 이 시간을 아까워하며 더 많은 문제집을 푼다거나, 더 많은 강의를 듣는 것은 실효성이 없다. 공부할 때 자신이 향해 가는 방향에 대해서 점검하는 시간은 선택이 아니라 필수이다.

반성적 쓰기 공부법에 대한 오해

1) 반성적 쓰기는 일기문이다?

아이들에게 수업 시간 자신의 모습에 대해 적으라고 하면 일기를 쓰라는 것으로 생각한다. 물론 반성적 쓰기는 일기와 비슷한 면이 있다. 독자를 자기 자신으로 두는 것, 솔직하게 써야 한다는 점, 하루(공부 과정)를 되돌아보며 쓰는 글이라는 점에서는 같다.

하지만 반성적 쓰기는 일기와 목적 자체가 다르다. 반성적 쓰기는 공부하는 사람의 메타인지를 활용하기 위한 글쓰기이다. 쓰는 주체가 공부 내용에서 아는 것과 모르는 것을 스스로 구분하고 그것을 해결하기 위한 전략까지 스스로 구사하는 것으로, 그 글에 자신의 공부 감정을 쏟아 내도록 한다. 반성적 쓰기란 자신의 공부 태도를 되돌아봄으로써 앞으로의 공부에 도움을 주는 글임을 여기서 분명히 밝혀 둔다.

2) 반성적 쓰기는 반성문이다?

간혹가다가 '다음부터는 잘하겠습니다. 선생님', '잘못했습니다'라고 적는 아이들이 있다. 선생님을 평가자로 인식한 결과이다. 마치 반성문과 같다.

일부 아이들은 반성적 쓰기를 반성문으로 오해하고, 학교에서 쓰지도 않는 반성문을 수업 시간에 써야 한다고 생각한다. 반성문은 자신의 잘못을 반성하는 내용이 담긴, 예전에 많이 쓰던 글이다. 하지만 반성적 쓰기는 반성문과 전혀 다른 글이다. 반성문은 작성자를 '잘못한 자'로 전제한다. 반면, 반성적 쓰기는 작성자를 '공부를 위해 노력하는 자'로 전제한다. 그러니 반성적 쓰기를 작성하는 아이들은 성장을 위해 노력하는 기특한 아이들이다.

또한 반성문의 독자가 '선생님'이었다면, 반성적 쓰기의 독자는 '자기 자신'이다. 그래서 독자에게 잘 보이기(?) 위한 글일 필요가 없다. 솔직한 자신의 모습, 솔직한 감정을 작성하는 것이 중요하다. 그러니 평가자의 피드백도 큰 의미가 없다. 자기 자신을 객관적인 시선으로 평가하는 것이 중요하다.

3) 반성적 쓰기 공부법을 하면 성적이 무조건 오른다?

무조건 성적이 오르는 공부 방법은 없다. 그리고 반성적 쓰기 공부법은 공부 과정에 집중하는 공부법이기 때문에 결과 중심으로 판단해서는 안 된다. 공부의 즐거움을 느낄 수 있도록 도와주는 것이 반성적 쓰기 공부법의 목적임을 기억하기 바란다.

4) 상위권 아이들은 안 해도 된다?

상위권 아이들은 모범생에 대한 주위의 기대치를 충족시키기 위해 스스로를 속이는 행동을 하곤 한다. 자신에게 솔직해지는 연습은 상위권 아이들에게도 필요하다. 결과적으로 현재 성적이 상위권이기 때문에 이 방법을 안 써도 된다는 것은 큰 오해이다. 지속적인 점검, 전략 짜기, 과정 중심의 공부, 그리고 자신의 모습을 객관적으로 보는 것과 자신의 공부 감정을 솔직히 드러내는 것은 공부하는 동안 계속되어야 한다.

5) 내 아이의 공부법에 대해 코칭을 할 수 있다?

부모는 아이가 쓴 반성적 쓰기 노트를 보고 싶어 한다. 하지만 절대 추천하고 싶지 않다. 아이의 반성적 쓰기 노트를 강제적으로 보는 순간, 아이의 반성적 쓰기 공부법은 끝났다고 봐야 한다. 아이가 독자를 설정한 글쓰기를 하게 되면 반성적 쓰기의 '점검'은 끝나 버린다고 해도 과언이 아니다. 꼭 봐야 한다면, 아이에게 봐도 되는지 물어본 후 보기 바란다.

글씨체, 띄어쓰기, 맞춤법 등 틀린 내용이 눈이 보이더 라도 말하지 않길 바란다. 작은 것을 고치려다 큰 것을 놓 쳐서는 안 된다. 중요한 것은 아이 자신의 모습이 객관적 으로 적혀 있는지, 전략이 잘 세워져 있는지 살펴보는 것 이다. 굳이 꼭 한마디 하고 싶다면 아이의 감정에 대해 인 정하는 말을 해 주면 된다. 그걸로 충분하다.

6) 문과 성향의 아이들에게 적합한 공부법이다?

요즘은 문이과 통합으로 변화하는 시대이다. 문과, 이과의 성향을 나누어 공부법을 찾는 것은 시대의 흐름과 다른 방향이다. 나는 반성적 쓰기 공부법을 수학과 과학 교과에 적용해 보았으며, 그 사례를 '반성적 쓰기 공부법의 활용' 편에 담았다. 반성적 쓰기 공부법은 문과, 이과 상관없이 모두에게 도움이 되는 공부법이다.

7) 어제 쓴 내용 그대로 다시 쓰면 된다?

아이들이 쓴 반성적 쓰기 내용을 살펴보면 쓸 말이 없다며 전날 쓴 문장들을 반복한다. 이것은 반성적 쓰기를 잘하지 못하고 있다는 증거이다. 어제 배운 내용, 오늘 배운 내용, 내일 배울 내용은 모두 다르다. 그리고 어제 수업 시간에 집중한 태도, 오늘 집중한 태도, 내일 집중할 태도도 다를 것이다. 그래도 반성적 쓰기의 내용이 같다면? 자기 의지와 상관없이 숙제처럼 하고 있을 가능성이 크다. 이왕 쓴다면, 그냥 쓰지 말고 의미 있게 자기 모습을 객관화하며 쓰는 것이 좋다.

3

반성적 쓰기
공부법의 활용

반성적 쓰기 공부법 1단계
- 초보자를 위한 반성적 쓰기 공부법

반성적 쓰기 공부법 1단계는 초보자를 위한 반성석 쓰기 공부법이다. 이는 반성적 쓰기의 핵심이기도 하다. 수업 때 이 내용을 처음 듣는 학생들이 쉽게 접근할 수 있도록 나는 '수업 시간 자신의 모습을 객관화하여 적어라'라고 말한다. 여기서 '객관화'란 '제삼자가 보기에도 인정할 만한 내용을 적는 것'이 주된 요점이다.

정인이는 우수한 학생이다. 과정만을 놓고 보았을 때 수업에 대한 집중력과 이해력이 상위권에 해당한다. 물론 그에 따른 결과도 학교 최상위권이다. 나는 정인이와 함께 수업한 후 반성적 쓰기를 진행했다. 다음은 정인이가 작성한 반성적 쓰기이다.

① 3월 15일 반성적 쓰기

나는 오늘 책과 노트도 다 챙겼고 수업도 집중해서 들었다. 특히 책을 읽으며 주인공의 마음과 생각이 잘 느껴져서 책이 더욱 재미있게 느껴져서 시간이 매우 빨리 간 거 같았고 뒷 내용이 궁금했다. 그런데 수업 시간에 돌아가며 책을 읽을 때 나도 글을 읽고 싶었는데 그러지 못해서 조금 아쉬웠다.

② 9월 1일 반성적 쓰기

나는 오늘 국어 수업을 들으며 수업에 성실하고 열심히 참여하기로 다짐하고 그러기 위해서 열심히 노력했다. 오늘도 수업을 들으며 여러 가지를 알게 되었고 내가 알게 된 것만큼 내가 열심히 노력했다는 생각이 들기도 해서 매우 뿌듯한 기분이 들게 되었다. 내가 수업을 들으며 알아낸 지식이나 정보는 내가 그만큼 노력했다는 의미라는 생각이 든다. 앞으로도 더 열심히 수업을 들어야겠다.

③ 10월 26일 반성적 쓰기

나는 오늘 수업을 들으며 언어의 자의성에 대해 배웠다. 언어의 자의성이란 어떤 의미를 나타내는 말소리는 우연히 결정된 것이라는 언어의 본질이다. 그리고 나는 수업을 들으며 어젯밤에 늦게 자서 조금 피곤하긴 했지만 졸지 않으려고 노력하며 열심히 수업을 들었다. 그리고 처음에 언어의 자의성, 사회성, 역사성, 창조성이라는 말을 들었을 땐 매우 어려울 것 같다는 생각이 들었지만 언어의 자의성에 대한 설명을 듣고 나니 생각보다 이해가 잘 되어서 기분이 좋았다.

④ 11월 17일 반성적 쓰기

나는 오늘 관계언인 조사와 용언인 동사, 형용사에 대해서 배웠다. 주로 체언 뒤에 붙어서 단어들 사이의 관계를 나타내거나 특별한 뜻을 더해주는 단어를 조사라고 한다. 조사는 홀로 쓰일 수 없으며 반드시 다른 단어에 붙어서 쓰인다. 또한 조사는 문장에 쓰인 단어들의 관계를 나타내므로 관계언이라고도 한다. 그리고 대상의 움직임을 나타내는 단어를 동사라고 하고 대상의 상태나 성질을 나타내는 단어를 형용사라고 한다. 동사와 형용사는 문장에서 쓰일 때 형태가 변하며 문장에서 주로 서술어로 쓰이므로 이들을 묶어 용언이라고 한다. 오늘 수업을 들으며 아침이라 그런지 피곤해서 하품이 많이 나오긴 했지만 그럴수록 중요한 내용을 놓치기 쉽다는 생각이 들어 더 열심히 집중하려고 노력했다. 수업에 집중해서 들으니 이해가 더 잘되는 것 같았다.

정인이는 이해력이 좋은 학생이다. 하지만 전체적인 글을 보았을 때 일기와 반성적 쓰기의 내용은 큰 차이가 없어 보인다. 일기와 다른 것은 제재를 공부로 삼았다는 것뿐이다. 의미는 있다. 자기 자신에 대한 집중도나 자기 주도성이 돋보이는 글이긴 하다. ③④의 글을 보면 배운 내용을 나열한 후 소감으로 마무리되어 있다. 배운 내용을 다시 정리하면서 복습을 한 효과는 있다.

처음 시작 단계에서는 '객관화'에 대한 개념을 갖고 자기 모습을 객관적으로 적어 보는 것이 가장 주된 핵심 활동이다. 아이의 글에서 자기 모습을 객관적으로 적었는지만 점검한다. 이후 더 깊이 있는 반성적 쓰기를 하고 싶다면 2단계로 넘어가도록 한다.

반성적 쓰기 공부법 2단계
– 숙련자를 위한 반성적 쓰기 공부법

반성적 쓰기 공부법 1단계는 반성적 쓰기의 가장 핵심인 '자기 모습 객관화'에 대해 다루었다. 반성적 쓰기 공부법 2단계에서는 활용도를 더욱 높이기 위해 다음과 같이 다섯 단계로 나누었다.

첫 번째: 수업 메모하며 듣기
두 번째: 자신의 수업 태도 객관적으로 적기
세 번째: 요약하기
네 번째: 이해도 점검 및 앞으로의 공부 전략 세우기
다섯 번째: 오늘 공부한 모습 떠올리며 삼성 적기

단계별로 쓰기 활동을 진행하면 좀 더 체계적으로 공부한 내용의 복습, 그리고 자기 모습에 대한 점검과 전략을 짤 수 있을 것이다. 지금부터 단계별 내용을 구체적으로 살펴보자.

1) 첫 번째: 수업 메모하며 듣기

아이들에게 수업 중 '들리기'가 아닌 '적극적인 듣기'

를 유도하기 위해서 가장 좋은 방법은 메모하며 듣기이다. 수업 중 많은 아이들이 '들리기'를 하고 있다고 언급한 바 있다. 멍하게 있는 아이를 보고 있으면 팝콘 브레인Popcorn Brain 현상22을 실제 보고 있는 듯한 생각이 들기도 한다.

아이들의 듣기 활동을 좀 더 적극적으로 이끌기 위한 전략은 '수업 메모하며 듣기'이다. 메모는 '들리기'에서 나아가 의식적으로 '적극적인 듣기'가 가능한 장치를 마련해주는 것이다. 말은 한번 하면 사라진다. 말을 놓치지 않기 위해 메모 전략을 활용하는 것이다.

수업은 기본적으로 듣기-말하기의 형태로 이루어져 있다. 이를 담화라고 한다. 담화의 구조에 따라 수업 내용을 요약하는 전략이 다양해질 수 있다. 원인과 결과에 따른 요약, 시간이나 공간 순서에 따른 요약, 분류나 분석에 따른 요약 등등 다양하다. 하지만 이는 요약에 대한 부담감과 더불어 담화 구조를 파악해야 한다는 부담감 때문에 그다지 추천하지 않는다.

내가 강력히 추천하는 메모하기 전략은 '코넬식 노트

---

22 스마트폰 등 디지털 기기의 과도한 사용으로 무감각해진 뇌가 팝콘이 터질 때처럼 강한 자극에만 반응하는 현상. 미국 워싱턴 대학교 데이비드 레비David Levy 교수가 만든 신조어로 2011년 처음 소개되었다.

필기법'이다. 이것은 1940년대 미국 코넬대학의 월터 포크Walter Pauk 교수가 개발한 노트 필기법으로 어떠한 담화 구조에서도 활용 가능한 장점이 있다. 또 기본적인 원리가 간단하여 누구든 쉽게 따라 할 수 있는 방법이다.

먼저 노트의 빈칸에 '날짜와 학습 목표, 필기, 단서, 요약'을 적을 수 있게 4개의 공간으로 나눈다.

첫째, 날짜와 학습 목표를 노트의 맨 위에 작성한다.

둘째, 노트의 가장 넓은 부분(오른쪽)에 필기를 한다. 수업을 듣는 동안 빠르게 지나가는 내용, 굵직한 개념, 근거, 세부 사항 등을 적는다. 글씨는 예쁘게 쓰지 않아도 된다. 자신만이 알아볼 수 있는 암호를 사용해서 적는 것도 추천한다. 정리되지 않은 그림, 표 등을 기록해도 괜찮다.

셋째, 단서는 필기 영역에 쓴 내용에서 상위 개념을 뽑아낸 것이다. 중요한 것과 중요하지 않은 것을 구분하여 중요한 내용만 기록한다.

넷째, 요약은 필기와 단서 칸에서 활용한 것을 바탕으로 내용을 정리하는 것이다. 나중에 요약 부분을 반성적 쓰기에 활용할 수 있다.

다음은 내 수업을 들은 정인이가 코넬식 노트 필기법으로 수업 내용을 정리한 것이다.

날짜: 7월 22일

학습목표: 단어의 짜임을 이해히고 활용할 수 있다.

〈단서〉
- 단어를 구성하는 성분
- 단어의 종류
- 직접구성성분 분석하는 법

〈필기〉

1. 단어
① 어근: 실질적인 의미를 나타내는 부분
② 접사: 어근과 결합하여 어근에 특정한
　　　　의미를 더하거나 어근의 의미를 제한
　　　　　- 접두사: 어근 앞에 위치
　　　　　- 접미사: 어근 뒤에 위치

2. 단일어: 하나의 어근 (예: 밤, 문)

3. 복합어
① 합성어: 어근+어근
② 파생어: 어근+접미사 | 접두사+어근
③ 합성어 + 어근이나 접사
　파생어 + 어근이나 접사
　→ 직접 구성 성분 분석으로 이해
　　└ 단어를 둘로 나누는 방법
　　　두 부분 중 하나가 접사 → 파생어
　　　두 부분 모두 접사가 아니면 → 합성어

　　　예)　　　집게발(합성어)
　　　　　　　↙　　＼
　　　　　집게 (파생어)　발(어근)
　　　↙　　＼
　　집-(어근)-게(접사)

〈요약〉

단어는 어근과 접사로 구성되는데 어근은 실질적인 의미를 나타내고 접사는 어근과 결합하여 어근에 특정한 의미를 더하거나 어근의 의미를 제한하는 요소로 어근 앞에 있는 접두사와 어근 뒤에 있는 접미사로 나뉜다. 또한 단어는 짜임에 따라 단일어와 복합어로 나뉘고 단일어는 하나의 어근으로 이러우진 것을 말하며 복합어엔 어근과 어근이 결합한 합성어, 어근과 접사가 결합한 파생어, 합성어와 파생어가 어근이나 접사와 한번 더 결합한 단어들이 있다. 합성어나 파생어가 어근이나 접사와 한번 더 적합한 단어를 이해하기 위해 직접성분분석방법을 활용해 단어를 둘로 나누어 단어를 이해한다. 이 때 나눈 두 부분 중 하나가 접사면 파생어이고 두 부분 모두 접사가 아니면 합성어이다.

날짜: 8월 22일

학습목표: 음운 중 자음 체계를 알고 자음동화의 비음화를 이해할 수 있다.

〈단서〉	〈필기〉

〈단서〉
- 자음 체계표 이해하기
- 자음 동화의 개념
- 비음화의 개념

〈필기〉

1. 음운: 분절 음운 - 자음 / 모음
   　　　비분절 음운

2. 자음 체계표

조음 위치 조음 방법	입술소리	잇몸소리	센입 천장소리	여린입 천장소리	목청소리
파열음	ㅂ	ㄷ		ㄱ	
파찰음			ㅈ		
마찰음		ㅅ			ㅎ
비음	ㅁ	ㄴ		ㅇ	
유음		ㄹ			

3. 자음 동화

자음과 자음이 만나 서로 영향을 주고 받아 한쪽이 다른
쪽을 닮아서 그와 비슷하거나 같은 자음으로 바뀌기도
하고 양쪽이 서로 닮아서 두 자음이 모두 바뀌기도 함

① 비음화
- ↳ 파열음 'ㅂ, ㄷ, ㄱ'이 비음 'ㅁ, ㄴ' 앞에서
  'ㅁ, ㄴ, ㅇ'으로 바뀌어 발음되는 것
- 비음 'ㅁ, ㅇ'과 'ㄹ'이 만나면 'ㄹ'이
  'ㄴ'으로 발음되는 것

〈요약〉

음운 중에서 조음 방법과 조음 위치에 따라 구분할 수 있다. 조음 방법에는 파열음,
파찰음, 마찰음, 비음, 유음이 있고 파열음엔 ㅂ, ㄷ, ㄱ, 파찰음에는 ㅈ, 마찰음에는
ㅅ, ㅎ, 비음에는 ㅁ, ㄴ, ㅇ, 유음에는 ㄹ에 해당한다. 조음 위치엔 입술소리, 잇몸소
리, 센입천장소리, 여린입천장소리, 목청소리가 있고 입술 소리엔 ㅂ, ㅁ 잇몸소리
엔 ㄷ, ㅅ, ㄴ, ㄹ 센입천장소리엔 ㅈ, 여린입천장소리엔 ㄱ, ㅇ, 목청소리엔 ㅎ이 있
다. 그리고 앞 음운이나 뒤 음운으로 인해 다른 음운이 변화하기도 하는데 이것을 자
음동화라 한다. 앞음운이 ㄹ이고 뒤 음운이 ㄴ이면 앞음운의 영향을 받아 뒤 음운인
ㄴ의 조음 방법이 바뀌게 되고 앞음운이 ㄱ이고 뒤 음운이 ㅁ이면 뒤 음운의 영향을
받아 앞음운인 ㄱ이 같은 조음 위치에서 ㅁ과 같은 조음 방법을 가진 ㅇ으로 바뀌게
된다.

2) 두 번째: 자신의 수업 태도 객관적으로 적기

첫 번째 단계에서 수업 내용 메모하며 듣기가 되었다면, 이제 자신의 수업 태도에 대해서 객관화된 서술이 필요하다. 이는 반성적 쓰기 공부법 1단계에서도 언급한 반성적 쓰기 공부법의 핵심 내용이다. 첫 번째 단계가 준비 단계였다면, 두 번째 단계는 반성적 공부법의 시작을 알리는 것으로 자신의 수업 태도에 대해서 점검하는 것이다. 실제로 시도해 보면 생각보다 아이들은 자신을 객관적으로 보는 데 서툴다. 이 단계 아이들을 세 가지 유형으로 나눌 수 있다.

① 유형 1: 나는 매우 잘해

성윤이는 수업 시간에 재치 있는 말과 행동으로 수업 분위기를 좋게 만드는 아이다. 친구들 사이에서도 인기가 좋다. 하지만 다소 행동이 지나쳐 수업 진행에 방해가 될 때가 종종 있다. 공부할 때 어렵거나 지루한 내용이 나오면 흥미도가 떨어진다. 아는 내용이 나오면 다른 친구들이 대답하기도 전에 답을 말한다. 성윤이의 반성적 쓰기 노트를 살펴보면 항상 '나는 매우 잘했다', '정말 집중해서 들었다', '나의 수업 태도는 완벽했다'라고 적혀 있다.

성윤이의 경우는 자신의 수업 태도가 우수하다고 판단

한다. 하지만 제삼자가 보기에 동의할 수 없는 부분이 많다. 성윤이와 비슷하게 자신을 과대평가하는 아이들은 생각보다 많다.

현아는 여러 학원을 열심히 다니는 아이이다. 현아의 학원에서는 선행 공부를 한다. 학교 수업을 들을 때 학원에서 배운 내용이 반복되는 경우가 많이 있다. 현아는 학교 수업 중 반복되는 내용을 다 안다고 '착각'한다. 학교 수업에서는 집중력이 떨어져 친구와 이야기를 나누거나 학원 숙제를 하기도 한다. 반성적 쓰기를 할 때는 '나는 수업 내용을 다 이해하고 있다'는 내용을 주로 적는다. 하지만 실제 시험을 보면 중상위권 정도의 실력을 유지한다. 현아는 상위권으로 가지 못하는 이유가 무엇 때문이리고 생각할까?

현아는 사교육을 열심히 받아 자신의 실력에 대해 착각하고 있는 경우이다. 학원에 다닐 때 가장 경계해야 하는 것은 지식을 알고 있다는 착각이다. 같은 내용을 여러 번 듣다 보면 자신이 알고 있다고 잘못 생각하기 쉽다. 앞서 설명한 것처럼 듣는 공부는 큰 실효성이 없다. 게다가 자신이 안다고 착각하는 순간, 수업을 들을 때 집중력이 흐트러진다. 현아의 반성적 쓰기 노트에는 자신에 대해 객관화가 안 되어 있음을 확인할 수 있는 내용이 포함되어 있다. 자기객관화가 되지 않으면 현아는 성적을 올리기 위해 학원을 바꾼다든지, 학원을 더 다닌다든지 하는 의미 없는 행동을 하게 될 가능성이 있다.

② 유형 2: 나는 항상 부족해

우리 반 영수는 굉장히 성실한 학생이다. 1학년 때에는 교과 담당으로 만났는데, 2학년 때에는 담임반 학생으로 만나게 되었다. 영수는 일관되게 수업에 집중하는 모습을 보였다. 아니나 다를까, 성적도 상승 곡선을 타면서 올라가고 있었다. 영수는 '국어 교과를 좋아하는데 2학년 때 국어 선생님이 담임이 되어서 굉장히 기뻤어요'라며 스승의 날 편지에 수줍게 적어 준 친구였다.

첫 상담이 진행되는 날이었다. 라포가 형성되어 있었기에 상담이 편안하게 진행되었다. 영수와 대화를 나누다가 '참 겸손한 친구구나'라는 생각이 들었다. 수업 태도와 더불어 향상된 성적을 칭찬했더니 영수가 대답했다.

"운이 좋았어요. 저는 아직 부족한 것이 많아요. 저보다 더 잘하는 친구들이 많은 걸요."
"이번 시험에 예상 점수는 몇 점이니?"

"80점을 받으면 잘 받은 거예요."

"아직 부족한 것이 많아서 더 노력해야 해요."

이렇게 대화를 마쳤는데, 막상 시험이 끝나고 확인한 영수의 성적은 전 과목 90점 이상으로 반에서 최상위권이었다. 고등학교라는 새로운 환경에서 자존감이 많이 내려가 있기에 영수가 그런 모습을 보였는지도 모른다. 이 아이들은 타인으로부터 '괜찮아, 넌 우수한 아이야' 등의 말을 듣기를 원했다.

내가 효진이를 제대로 알기까지 시간이 꽤 필요했다. 왜냐하면 수업 중 효진이의 목소리를 들어 본 적이 없기 때문이다. 효진이는 친한 친구들과 필요한 대화만 조용히 하는 아이였다. 발표를 하겠다고 손을 드는 모습도 본 적이 없다. 하지만 수업 중 자거나 딴 행동을 하는 것을 본 적이 없다. 효진이의 진가는 중간고사 이후에 드러났다. 효진이가 반에서 가장 우수한 성적을 뽐낸 것이다. 그 이후로 친구들과 선생님들의 주목을 받게 되었다.

반성적 쓰기 노트를 보면 효진이는 스스로에 대해서 과소평가를 하고 있었다. 자신의 부족한 부분에 대한 내용, 예를 들어 "오늘은 내가 모르는 내용이 많이 나왔다.

다른 친구들은 잘하는 데 나는 잘못하는 것 같다" 등의 표현이 자주 등장하는 것을 볼 수 있었다.

영수와 효진이의 경우 선생님들과 친구들에게 겸손하다는 말을 많이 들었을 것이다. 영수와 효진이 입장에서도 잘난척하는 말보다는 능력치보다 못한다고 말하는 것이 오히려 더 마음 편했을 수도 있다. 시험에서 어른들의 기대치보다 높은 점수를 받으면 어른들이 칭찬할 것이고, 이것은 이 아이들의 자존감을 올려 줄 것이다. 그리고 설령 시험에서 예상보다 낮은 점수를 받는다 하더라도 자신을 꾸짖지는 않을 것이라 생각하기 쉽다.

문제는 이 아이들 또한 유형 1의 아이들과 다를 바 없이 자기 자신을 객관적으로 보지 못한다는 것이다. 이 아이들은 지나친 겸손으로 자신이 성장할 수 있는 기회를 놓칠 가능성이 크다.

③ 유형 3: 나는 나를 정확히 알고 있어

수현이는 무난한 성격의 아이다. 아이들은 수현이를 좋아한다. 아이들이 수현이를 좋아하는 이유 중 하나는 수현이가 성적도 잘 나오는 편이고, 아이들이 물어보는 내용을 잘 가르쳐 주기 때문이다. 수현이에 대한 선생님들의 반응도 긍정적이다. 수현이는 특히 경청하는 태도를 가지고 있는데, 수업에서도 다양한 비언어와 반언어적인 표현을 사용하여 적극적인 듣기를 한다. 하지만 말하기를 할 때 소극적인 태도를 많이 취한다. 수현이의 반성적 쓰기 노트를 보면 이와 같은 자신의 특성을 잘 알고 있다. '수업 중 경청하였다', '선생님께서 하신 말씀에 고개를 끄덕였다', '나의 개인적인 경험을 생각하며 들었다'라고 적혀 있다. 그리고 말하기 활동을 할 때의 말하기 불안에 대해 솔직하게 적혀 있다. 수현이의 반성적 쓰기 노트에는 '선생님께서 모둠별 발표자를 뽑으라고 하셨는데 나도 발표하고 싶기는 했으나 발표할 때 자꾸 떨려서 손을 들지 못했다'라고 적혀 있다. 수현이의 경우 자신의 장단점을 정확하게 알기 때문에 단점에 대해서 어떠한 전략을 갖고 고쳐 나갈지 기대되는 아이다.

반성적 쓰기 공부법에서는 유형 1과 유형 2에 해당하는 아이들을 유형 3으로 만드는 것이 목표이다. 유형 3이 바로 반성적 쓰기 공부법에서 지향하는 바에 해당한다. 자신을 객관적으로 볼 수 있는 힘을 기른다면, 자신의 단점을 수정하고 장점을 최대한 발휘하여 어떤 일이라도 좋은 성과를 낼 수 있는 문제 해결 전략을 알게 되는 것은 어렵지 않을 것이다.

3) 세 번째: 요약하기

첫 번째 단계에서 활용한 노트 요약 내용을 정리하되, 선생님이 한 말을 그대로 쓰는 것보다 수업의 중심 내용을 자신만의 언어로 다시 표현하는 것이 좋다.

자신의 언어로 재구성한 요약하기 전략은 추론적 사고를 요구하는 고차원적 사고 활동이다. 요약하기를 시도하는 것만으로도 아이들의 메타인지가 활용되고 있다고 볼 수 있다. 시험 문제를 내는 입장에서는 추론적 사고를 요구하는 문제를 통해 난이도를 높이는 전략을 쓴다. 이를 반대로 활용하여 추론적 사고 능력을 키운다면, 타인에 비해 경쟁력 있는 사고력을 갖게 된다고 이해할 수 있다. 그리고 추론적 사고 능력을 키우는 가장 좋은 방법은 요약하기이다.

이 단계에서는 첫 번째 단계 '수업 메모하며 듣기'에서 소개한 코넬식 노트 필기법의 〈요약〉 내용을 활용하면 좋을 것이다. 더 나아가 자신이 이미 알고 있는 내용과 새로 알게 된 내용을 구분하여 정리하면 더욱 좋을 것이다.

4) 네 번째: 이해도 점검 및 앞으로의 공부 전략 세우기

이 단계에서는 배운 내용에 대한 이해도를 스스로 점검한다. 아래와 같은 자기 점검 리스트를 활용할 수 있다.

– 자기 점검 리스트 –

1. 배운 내용(개념)에 대해서 자신의 언어로 표현할 수
   있는가?
2. 배운 내용(개념)을 실생활(새로운 것)에 적용(활용)할 수
   있는가?

위의 자기 점검 리스트를 확인할 때 '표현하는 공부하기'에서 언급한 공부법을 활용하여 스스로 평가해 볼 수 있다. 말하기(가르쳐 보기), 쓰기(요약하기) 등의 표현 방법을 통해 점검한다. 자기 점검에서 부족한 부분이 있었다면 그 원인을 생각해 본다.

이 과정이 끝나면 부족한 부분을 개선하기 위한 전략을 세울 수 있다. 구체화된 방법을 적고 이를 실천하도록 하는 것이다. 이것이 아이의 특성에 따른 개별화된 자기주도 공부의 전략이 될 수 있다.

위의 자기 점검 리스트를 활용하여 나올 수 있는 문제점에 대해서, 문제 해결 전략 방법을 포괄적으로 아래와 같이 정리할 수 있다.

• 문제점 1: 배운 내용(개념)에 대해서 자신의 언어로 표현
  할 수 없다.

배운 내용(개념)에 대해서 자신의 언어로 표현할 수 없는 첫 번째 이유는 내용에 대해 제대로 알지 못하기 때문이라고 판단할 수 있다. 즉, 대충 아는 것을 알고 있다고 착각한 것이다. 두 번째 이유는 이해한 것을 표현하는 훈련이 잘 되어 있지 않을 가능성이 있다. 표현하기가 잘 되면 공부한 내용을 자신의 것으로 확실하게 만들 수 있다. 세 번째 이유는 망각의 가능성이다. 예전에는 알았으나 현재는 모르는 상태라는 의미다. 망각에 대해서는 에빙하우스의 이론을 참고할 수 있다. 독일의 심리학자 헤르만 에

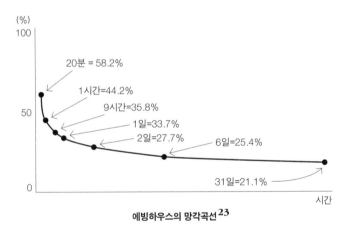

에빙하우스의 망각곡선 [23]

23 Anderson, J. R. (2012). 인지심리학과 그 응용. 이영애 역
https://terms.naver.com/entry.naver?docId=5673897&cid=62841
&categoryId=62841

빙하우스Hermann Ebbinghaus에 따르면 학습 직후 20분 후에 58.2%의 학습 내용만 기억하고 있다고 한다. 그 이후는 아래 그래프에서 보듯 곡선이 완만해진다.

이 이론을 활용하면, 수업을 들은 후 바로 복습하는 것이 가장 효율적이며 시간 간격을 두고 규칙적으로 여러 번 공부하는 것이 좋다는 전략을 세울 수 있다.

- 문제점 2: 배운 내용(개념)을 실생활(새로운 것)에 적용(활용)할 수 없다.

실제 수업에서는 배운 내용(개념)을 이해하지만 실생활(새로운 것)에 적용하는 것은 어려워하는 아이들이 많다. 예를 들어, 국어 수업 중 아이들은 외래어 표기법을 이해하기는 하지만 실제 사례에 응용하여 물어보면 틀리는 경우가 많다. 도너츠가 아닌 도넛, 쥬스가 아닌 주스, 매니아가 아닌 마니아, 가디건이 아닌 카디건이 맞는 표현이다. 이런 경우에 가장 좋은 전략은 다다익선, 즉 많은 예를 접해 보는 것이 가장 좋은 방법이다. 자신에 대해 스스로 점검해 보고, 잘되지 않는다면 더 많은 예를 찾아보는 전략을 취할 수 있다.

여기서 언급한 전략은 대략적인 예시일 뿐이다. 공부

하는 아이가 스스로 전략을 생각해 볼 수 있는 기회를 제공해야 한다.

5) 다섯 번째: 오늘 공부한 모습 떠올리며 감정 적기

이제 마지막 단계이다. 바로 감정에 대한 인지다. 긍정적인 감정이었는지, 부정적인 감정이었는지. 그리고 그 감정이 올라오는 이유가 무엇이었는지 적어 보는 것이다. 이 단계에서는 아이가 감정을 그대로 표출할 수 있도록 도와준다. 옆에서 지켜보는 나는 긍정적인 감정이든 부정적인 감정이든, 어떠한 피드백도 하지 않는다. 평가자가 긍정적인 감정만을 인정할 때 아이는 자신의 감정을 숨길 수 있다. 이 단계는 아이에게 감정을 솔직하게 드러낼 수 있도록 도와주는 것이 목적이다.

위에서 설명한 반성적 쓰기 공부법 2단계를 정인이에게 다음과 같이 문단을 나누어 작성하도록 했다.

첫 번째 문단: 수업 내용 요약하기

두 번째 문단: 자신의 수업 태도 객관적으로 적기

세 번째 문단: 이해도 점검 및 앞으로의 공부 전략 세우기

네 번째 문단: 오늘 공부한 모습 생각하며 공부 감정 적기

다음은 정인이가 작성한 글이다. 반성적 쓰기 공부법 1단계의 글과는 달리 배운 내용과 점검 및 전략에 대해 구체적으로 작성한 것을 확인할 수 있다.

① 5월 23일 반성적 쓰기

- 수업 내용 요약하기

세종대왕이 한글을 처음 만들 때 자음은 기본자 'ㄱ, ㄴ, ㅁ, ㅅ, ㅇ' 5가지를 상형의 원리를 이용해 각 발음기관의 모양을 본따 만들고 가획의 원리를 이용하여 'ㅋ, ㄷ, ㅂ' 등의 다른 자음을 만들어 총 17자를 만들었다. 그리고 상형의 원리를 이용해 하늘을 나타내는 'ㆍ', 땅을 나타내는 'ㅡ', 사람을 나타내는 'ㅣ'로 기본자를 만든 뒤 합성의 원리를 이용하여 'ㅏ, ㅓ, ㅜ' 등의 다른 모음자들을 만들어 총 11자의 모음을 만들어 내었다.

- 자신의 수업 태도 객관적으로 적기

수업 시작 전 이 내용들을 미리 보고 있을 때 선생님께서 들어오셨다. 나는 이 내용을 처음 본다. 처음 배워보는 내용들이 신기하고 인상 깊어서 더 집중하여 수업을 들었고 수업에 열심히 참여하려 노력했었다. 선생님에게서 눈을 떼지 않고 들었다. 중요한 내용은 교과서에 밑줄을 쳤다.

- 이해도 점검 및 앞으로의 공부 전략 세우기
  앞서 요약을 할 때 갑자기 기본자 모음이 생각나지 않았다. 내일도 기억이 나도록 노력하기 위해서는 배운 내용을 시간이 날 때 계속해서 되뇌어 보고 생각이 나지 않는 부분은 다시 공부하여 머릿속에서 바로 떠오를 수 있도록 해야 한다. 내용을 되뇌어 볼 때 새로 알게 된 내용을 위주로 되뇌어 보아야 한다.

- 오늘 공부한 모습 생각하며 공부 감정 적기
  이 내용을 배우면서 세종대왕이 여러 원리들을 이용해 한글을 만들어냈다는 것을 알게 된 뒤 세종대왕이 이런 글자들을 다 만들어 내었다는 것이 신기했다.

② 5월 27일 반성적 쓰기

- 수업 내용 요약하기
  한글과 영어 알파벳을 비교해 보았을 때 한글은 발음되는 소리가 비슷하면 모양도 비슷하지만 영어 알파벳은 소리가 비슷해도 모양이 각기 다르기 때문에 한

글은 다른 문자들에 비해 단순하고 체계적인 문자라는 것을 알 수 있다. 그리고 한글은 한 글자에 한 가지 소리만 나기 때문에 배우기 쉽다. 그리고 한글은 정보화 사회에서도 편리하고 유용하게 사용할 수 있다. 한자나 일본어는 알파벳으로 발음을 입력 후 그 발음을 내는 글자를 찾아서 작성해야 하지만 한글은 바로 작성할 수 있어 편리하다.

- 자신의 수업 태도 객관적으로 적기

'한글이 다른 언어보다 편리다'하는 것에 대해서는 들은 적이 있었지만 이유에 대해선 잘 모르고 있었는데 한글이 편리한 이유에 대해 잘 알게 될 수 있을 것 같아 수업에 더 열심히 참여하려 했다. 그리고 선생님께서 반 전체에게 질문을 하셨을 때 '내가 잘못 말하면 어떡하지?'라는 생각이 들어 대답을 잘 하지 않았던 것 같다.

- 이해도 점검 및 앞으로의 공부 전략 세우기

이번에 요약을 하며 헷갈리거나 몰랐던 부분은 딱히 없었던 것 같다. 그래도 내가 놓치고 있거나 까 먹었던 부분이 있거나 또 까먹을 수도 있을 것 같아서 매일 교과서를 다시 읽어보며 수업 내용을 복습할 것이다.

- 오늘 공부한 모습 생각하며 공부 감정 적기

  오늘 수업 내용 중에 내가 알고 있던 부분도 있었는데 그 부분에 대해 더 자세하게 배우고 내가 몰랐던 내용들도 배울 수 있어서 재미있었고 내가 일부분만 알고 있었던 내용에 살을 덧붙여 더 많은 것을 알 수 있게 되어서 뿌듯했다.

반성적 쓰기 공부법 3단계
- 반성적 쓰기 공부법의 응용

쓰기는 범교과적인 성격을 지니고 있다. 예전부터 쓰기 활동을 다양한 교과에 적용한 사례는 많이 찾아볼 수 있다. 지금까지는 국어 수업에 한정해 설명했지만, 다른 교과에 활용해도 큰 성과를 볼 수 있는 공부법이다. 이를 확인하기 위해 수학과 과학 교과의 쓰기 공부법을 정인이와 함께 진행했다. 반성적 쓰기 공부법 3단계에서는 확장된 형태의 공부법을 소개한다.

1) 수학 반성적 쓰기 공부법

수업 시간 국어 교과에 한정해 몇 년간 적용하다 보니,

다른 교과에도 적용할 수 있을지 궁금해졌다. 특히 수학 교과 적용 가능성을 확인하고 싶었다. 여러 교과목 중에서 '수학'에 관심을 가진 이유는 다음과 같다.

첫째, 수학은 개별적 실력 차가 크게 벌어지는 교과 중 하나다. 학교에서 실시하는 기초 학력 진단평가에서도 수학은 다른 과목에 비해서 기초 학력 미도달에 해당하는 아이들이 많은 편에 속한다. 영재 학생을 선별하는 교과로 수학을 빼놓을 수 없다.

둘째, 사교육비의 많은 부분은 '수학' 교과이다. 자기주도적 공부를 통해 사교육비를 줄이는 방안을 제시하고 있는 나는 '수학' 교과에서 가능성을 입증하고 싶은 마음이 있다.

셋째, 수학을 글쓰기와 접목하여 효과를 입증한 사례들이 많이 있다. 많은 수학 전문가들은 수학 일기, 수학 노트 등의 공부 방법을 제시한다. 나는 '반성적 쓰기'라는 글쓰기가 수학 실력을 높일 것이라는 가설을 갖고 학생과 공부했다. 그 가설의 근거로 반성적 쓰기는 점검과 전략이라는 사고 기회를 주는 공부법이고, 수학은 점검과 전략이 꼭 필요한 교과라 판단한 것이다.

이 가능성을 확인하고 싶어 정인이와 함께 수학 교과의 반성적 쓰기 공부법을 진행했다. 방법은 다음과 같다.

1. 아이가 푼 문제 중에서 틀린 문제를 선별한다. 단순 계산 착오나 실수한 문제는 제외하고, 아이의 실력보다 난이도가 조금 높은 문제를 선별하는 것이 좋다. 나는 아이에게 직접 문제를 고르게 했다.

2. 따로 시간을 내어 아이가 스스로 문제를 풀 때까지 기다려 준다.

3. 아이가 다 풀었으면 정답을 확인한다. 틀렸다면 다시 문제를 풀게 한다. 정답을 맞혔다면 수학 반성적 쓰기를 진행한다.

4. 수학 반성적 쓰기에서는 다음 내용을 포함해 작성하도록 지도한다.
   첫째, 풀이 과정
   둘째, 실패 원인 분석, 성공 원인 분석
   셋째, 오늘 공부한 모습 생각하며 공부 감정 적기

수학 교과의 반성적 쓰기 공부법을 진행하는 동안 정인이는 높은 집중도를 보였다. 문제를 푸는 과정에 집중했고, 반성적 쓰기에 더 몰입하는 모습을 보였다. 조력자 역할을 했던 나는 정인이보다 수학을 모른다. 다만 위에서 언급한 내용대로 정인이가 문제를 풀 때까지 기다리고, 다 푼 후 그 과정을 점검할 수 있도록 도와주었다.

위의 과정에 따라 1번을 작성하기 위해서 꽤 많은 시간이 소요되었다. 그러나 1번 과정만으로도 아이가 느끼는 성취감은 꽤 컸다. 정인이는 어느 실력 있는 선생님의 수업보다 의미가 있다고 말했다. 수학 교과의 반성적 쓰기 공부법은 수학을 가르치는 사람이 가르침을 받는 아이보다 더 잘해야만 아이를 이끌 수 있다는 고정관념을 깬 공부법인 것이다.

많은 분량의 문제를 풀기보다는 어려운 난이도의 문제를 깊이 있게 생각하고 문제 푸는 연습을 하는 것이 전문가들이 말하는 수학 문제 해결력과 사고력을 키우는 방법이다. 수학 교과의 반성적 쓰기 공부법은 아이가 선택한 문제를 집요하게 파고들면서 깊이 사고할 수 있도록 도와주었다.

다음은 정인이가 작성한 수학 반성적 쓰기이다.

① 6월 20일 수학 반성적 쓰기

• 풀이 과정

삼각형의 내심은 삼각형의 각 이등분선의 교점이므로 만들어진 삼각형에서 두 각의 각 이등분선의 방정식을 각각 구해서 두 직선의 교점을 구해 내심을 구할 수 있다. 각 이등분선의 방정식은 각 이등분선 위에 있는 한

점에서 각 직선 사이의 거리가 같다는 성질을 이용해서 구할 수 있으므로 (y축과 내심 (a,b)의 거리)=(직선 $4x-3y+12$와 내심 (a,b)의 거리)이고 y축은 $x=0$이라는 직선의 방정식으로 나타낼 수 있다. 즉 $|a|=|4a-3b+12|/5$, $|5a|=|4a-3b+12|$, $5a=4x+3b-12$ 또는 $5a=4x-3b+12$, $9a-3b+12=0$ 또는 $a+3b-12=0$이 y축과 직선 $4x-3y+12$의 각 이등분선이 되는데 이 직선의 기울기는 양수가 되어야 하므로 이 직선의 방정식은 $9a-3b+12=0$이다. 또한 (y축과 내심(a,b)의 거리)=(직선 $3x-4y+4$와 내심 (a,b)의 거리), 즉 $|a|=|3a-4b+4|/5$, $|5a|=|3a-4b+4|$, $5a=3a-4b+4$ 또는 $5a=-3a+4b-4$, $2a-b+2=0$ 또는 $a+2b-2=0$이 y축과 직선 $3x-4y+4$의 각 이등분선이 되는데 이 직선의 기울기는 음수가 되어야 하므로, 이 직선의 방정식은 $a+2b-2=0$이다. 그러므로 이 두직선의 교점인 내심 (a,b)의 좌표는 $(-\frac{6}{7}, \frac{10}{7})$으로 $\frac{a}{b}=-\frac{3}{5}$이다.

• 실패 원인, 성공 원인 분석

실문제를 풀면서 생각해보니 두 직선으로 생기는 각의 이등분선의 방정식을 구하는 방법을 잘못 알고 있었던 것 같다. 처음엔 그냥 두 직선의 방정식의 절댓값이 같

다는 것을 활용하여 풀었는데 이 방법은 두 직선의 (x
계수)^2+(y계수)^{2}의 값이 서로 같을 때에만 사용할 수
있었다. 그래서 (x계수)^2+(y계수)^{2}의 값이 다른 y축
(x=0)과 3x-4y+9=0 또는 4x-3y+12=0의 각이등
분선의 방정식을 구할 때 사용할 수 없기 때문에 이 방
정식을 구할 때 각 이등분선의 한 점에서 각 두직선과
의 거리가 같다는 점을 활용하여 문제를 풀었어야 해
서 혹시 내가 또 놓치고 있는 부분이 있었을 것 같아서
각 이등분선의 방정식에 대한 내용을 다시 공부해 보
고 각 이등분선의 방정식을 구할 땐 각 이등분선의 한
점에서 두 직선까지의 거리가 서로 같다를 활용해 구
해야 한다는 것을 알게 되었다.

• 오늘 공부한 모습 생각하며 공부 감정 적기

처음 문제를 풀 때 어느 부분이 잘못된건지 모르겠어
서 답답하고 짜증이 났는데 각의 이등분선 위에 있는
한 점에서 각 두 직선 사이의 거리가 같다는 것을 활용
하여 다르게 풀어보니 문제가 생각보다 쉽게 풀리게
되었다. 이 문제를 풀면서 한가지 방법이 아닌 여러 가
지 방법으로 문제에 접근해 보아야 한다는 생각이 들
었다. 그리고 계속 안풀리던 문제를 풀어내니 내가 놓

치고 있던 부분을 알 수 있어 좋았고 후련하고 뿌듯한 마음이 들었다.

② 7월 1일 수학 반성적 쓰기

• 풀이 과정

원 $(x-1)^2+(y-1)^2=18$을 좌표 평면 위에 나타낸 뒤 중심이 이 원에 있고 x축과 y축에 동시에 접하는 원 $(x-r)^2+(y-r)^2=r^2$ 또는 $(x-r)^2+(y+r)^2=r^2$는 총 4개가 생기게 된다. 중심이 제 1사분면에 있을 때, 즉 방정식이 $(x-r)^2+(y-r)^2=r^2$이고 $r \rangle 0$ 일 때 이 원의 중심인 (r, r)은 원 $(x-1)^2+(y-1)^2=18$ 위에 있으므로 $(r-1)^2+(r-1)^2=18$, $r=4$가 되므로 이 원의 넓이는 16π이다. 그리고 방정식 $(x-r)^2+(y-r)^2=r^2$이고 $r \langle 0$ 일 때 $(r-1)^2+(r-1)^2=18$, $r=-2$가 되므로 이 원의 넓이는 4π이다. 방정식이 $(x-r)^2+(y+r)^2=r^2$이고 $r \rangle 0$ 이면 $(r-1)^2+(-r-1)^2=18$ 이므로 $r=\sqrt{2}$, 방정식이 $(x-r)^2+(y+r)^2=r^2$이고 $r \langle 0$ 이면 $(r-1)^2+(-r-1)^2=18$ 이므로 $r=-\sqrt{2}$가 되어서 두 원의 넓이는 각각 8π이다. 그러므로 네 원의 넓이의 합은 $16\pi+4\pi+8\pi+8\pi=36\pi$이다.

- 실패 원인, 성공 원인 분석

  이전에 풀었던 문제들은 x축과 y축에 동시에 접한다는 것을 이용해 방정식을 $(x-r)^2+(y-r)^2=r^2$ 형태로만 만들어서 풀어오기만 해서 그런지 제 2,4 사분면에도 원이 각각 하나씩 생길 수 있다는 걸 놓친 것 같다. 그래서 원의 넓이를 둘 다 구해도 남은 두 원의 넓이를 구하지 않아 값이 계속 잘 나오지 않았던 것 같다.

- 오늘 공부한 모습 생각하며 공부 감정 적기

  내가 놓치고 있어 미처 생각하지 못한 부분이 있었다는 것을 깨닫기 전에 풀이 과정에 잘못된 부분이 없는 것 같은데 답이 계속 나오지 않아 답답한 감정이 들었다. 그런데 내가 놓치고 있었던 부분을 알게 되어 더 많은 것을 생각해내서 비슷한 유형의 다른 문제들도 더 손쉽게 풀 수 있을 것 같다는 생각이 들어 마음이 가볍고 뿌듯했다.

2) 서술형 평가로 활용(자기 점검 형성 평가)

쓰기는 아이들의 성취 정도를 파악하기에 아주 적합한 평가 양식이다. 문제를 인지하는 과정, 해결 과정이 쓰기 내용에 고스란히 드러나기 때문이다.

반성적 쓰기를 평가 도구로 활용하는 방법은 타인에게 평가를 의지하지 않고 형성 평가의 목적으로 스스로 작성해 보는 것이다. 기존의 형성 평가 방법은 수업이 진행되면서 수업 목표 달성도를 파악하고자 아이의 실력을 점검하는 목적으로 주로 교사가 문제를 제시했다. 하지만 내가 제안하는 방법은 형성 평가 문제 자체를 아이 스스로 제시하고, 이에 대한 답을 스스로 작성한 후 자신의 쓰기 과정을 뒤돌아보면서 작성한다.

　　반성적 쓰기 공부법 3단계의 '서술형 평가로 활용하는 것'을 반성적 쓰기 공부법 2단계의 '요약하기'와 차별화하기 위해서는 학교 시험을 대비해 자신의 실력을 점검하는 전략(자기 점검 형성 평가)으로 활용하는 것을 추천한다. 방법은 다음과 같다.

1. 아이 스스로 단원 제목으로 문제를 만든다. 예를 들어 과학 교과에서 태양계에 대해 배우고 있다면 '태양계에 대해 서술하시오'가 문제가 된다. 이에 따라 아이가 알고 있는 내용을 서술한다. 되도록 시간을 제한하는 것이 좋다. 학교 시험을 기준으로 중학교 45분, 고등학교 50분이 적정 시간이다.

2. 답을 작성한 후 책을 펴서 스스로 평가하도록 한다. 잘

기억나지 않았던 부분은 따로 밑줄을 긋거나 포스트잇을 붙여 표시해 놓는다.

3. 1,2의 과정을 거치면서 반성적 쓰기를 진행한다. 반성적 쓰기를 작성할 때는 다음 순서를 따른다.

가. 기억이 잘 나는 부분 작성하기

나. 기억이 잘 나지 않는 부분을 작성한 후 그 이유 생각해 보기

다. 기억이 잘 나지 않는 부분을 해결하기 위한 공부 전략 생각해 보기

라. 오늘 공부한 모습 생각하며 공부 감정 적기

다음은 정인이가 스스로 서술형 평가 문제를 만든 후 반성적 쓰기를 한 것이다.

① 5월 29일 과학 반성적 쓰기

• 문제 만들기

문제 : 태양계에 대해서 서술하시오.

• 답 작성하기

답 : 최초의 지구의 크기를 측정한 사람은 에라토스테레스로 에라토스테레스는 '지구로 들어오는 햇빛은 평

행하다, 지구는 완전한 구형이다'라는 두 가지 가설과 '원의 부채꼴에서 호와 중심각의 크기는 비례한다, 평행선에서 두 엇각의 크기는 같다'라는 두 가지 수학 공식을 이용하였다. 알렉산드리아에 막대를 설치하고 시에네에 우물을 판뒤 시에네에서 그림자가 생기지 않을 때 알렉산드리아에 있는 막대와 알렉산드리아로 들어오는 햇빛과의 각을 재서 엇각을 활용해 중심각(7.2°)을 구하고 알렉산드리아와 시에네의 거리인 호의 길이(925km)를 구해 7.2:925=360:2πR이라는 비례식을 만들어 지구의 둘레인 약 46250km를 계산해 냈지만 지구는 완전한 구형이 아니고 두 도시가 동일한 경도상에 위치하지 않았으며 거리 측정이 정확하지 않아 실제 둘레와는 차이가 있었다. 그리고 달의 크기는 동전이나 구멍 등에 달이 완전히 들어오도록 하였을 때 눈과 동전 사이의 거리를 l, 동전의 지름을 d, 달과 눈 사이의 거리를 L, 달의 지름을 D라 두고 l:d=L:D라는 비례식을 세워 달의 지름 D의 크기를 구할 수 있다. 또한 지구는 자전축을 기준으로 서에서 동으로 한 시간에 15°씩 스스로 회전하는 자전을 하는데 지구의 자전으로 태양, 달, 별 등의 천체들은 동에서 서로 회전하는 것처럼 보인다. 이로 인해 북반구 중위도에 있는 우리

나라에서 별이 하루 동안 운동하는 일주 운동을 관찰해보면 북쪽에선 반시계 방향으로 회전하고 동쪽에선 남쪽으로 올라가고 남쪽에선 서쪽으로 이동하고 서쪽에선 아래로 내려가는 것처럼 보이게 된다.

반성적 쓰기

• 기억이 잘 나는 부분 작성하기
  지구와 달의 크기를 구하는 방법과 공식은 집에서 생각날 때마다 조금씩 계속 봐 왔어서 그런지 막힘없이 잘 써졌던 것 같다.

• 기억이 잘 나지 않는 부분을 작성한 후 그 이유 생각해 보기
  그런데 지구의 자전 부분에서 천체의 회전 방향과 지구의 자전 방향이 조금 헷갈려서 북반구 중위도 지역에서 관찰되는 별의 일주운동방향이 잘 기억나지 않았다. 그리고 각 방향마다 보이는 모습이 달라서 기억이 더 잘 안났던 거 같기도 하다.

• 기억이 잘 나지 않는 부분을 해결하기 위한 공부 전략 생각해 보기
  원래 지구 과학 쪽으로 관심이 있어서 그런지 더 집중

해서 열심히 들으려고 노력하고 중요한 내용은 학습지에 직어놓기도 하면서 들었다. 그리고 집에서 까먹지 않기 위해 머릿속으로 계속 되뇌어보고 다음 내용이 궁금해 미리 인터넷 강의를 들어보기도 하였다. 수업 시간에 가끔 딴 생각이 들려고 한 적도 있지만 그럴 때마다 더 열심히 수업을 듣기 위해 노력했었다. 내가 왜 북반구 중위도 지역의 관찰되는 별의 일주운동방향을 기억을 잘 못했을까? 분명히 다 안다고 생각했던 내용이었다. 이 부분 다시 지구본 놓고 살펴봐야겠다.

- 오늘 공부한 모습 생각하며 공부 감정 적기
  이번에 배운 내용을 요약해보면서 많은 내용이 막힘없이 쓸 수 있어서 뿌듯했고 기억이 잘 나지 않았던 부분은 더 제대로 다시 공부해야겠다고 생각했다. 그리고 기억이 안 났던 내용을 알고 있었다고 생각했었는데 잘 안적어져서 조금 당황스러웠다.

학교에서 치르는 중간, 기말고사 시험은 대체로 객관식 시험이다. 서술형 시험[24]으로 칠 수 있지만 아직까지는 객관식 시험이 대세이다. 이유는 서술형 시험이 갖는 공정성, 일관성 등의 문제에 대한 해결책을 찾지 못해서이다. 즉, 서술형 시험이 객관식에 비해 나쁜 평가 방법이라서 치르지 못하는 것이 아니라는 말이다. 객관식 문제는 단순 암기 및 운에 의한 간섭을 피할 수 없으므로 실제 아이들의 실력을 파악하기 어렵다는 단점이 있다. 공부만 놓고 보면 서술형 시험이 아이의 실력을 더 정확히 볼 수 있다. 또한 시험을 줄 세우기 위한 목적이 아닌 공부하는 과정의 목적으로 보았을 때, 서술형 시험이 객관식 시험보다 더 아이들에게 공부 자극을 주는 시험이다. 반성적 쓰기를 자기 점검 형성 평가 목적으로 사용하면 서술형 시험이 야기하는 공정성, 일관성 문제가 해소되며, 아이에게도 공부 과정에 집중할 수 있는 장점이 있다.

3) 반성적 쓰기 노드의 활용

현재 '나'의 생각은 중구난방으로 뛰는 망아지 같다. 맥락도 없이 이 생각, 저 생각이 머릿속을 헤집고 다닌다. 생각은 기록할 때 오히려 명료해진다. 명료하게 기록된 반성

---

24 각 시도교육청에서는 주관식 시험을 서논술형평가의 이름으로 실시하고 있다. 시도교육청에 따라 조금씩 다르지만, 수행평가 형식으로 치르거나, 중간 기말 고사에 시험을 치를 수 있도록 되어 있다. 즉, 아이들은 모든 교과에서 서논술형평가를 만나고 있다. 하지만 서논술형평가를 100% 반영하고 있고 있지는 않다.

적 쓰기를 잘 활용하면 효과는 배가된다. 반성적 쓰기를 습관화하고 그 노트를 모아 활용하면 아이의 성장에 큰 자산이 된다. 기록은 한두 번으로 가치를 논할 수 없다. 여러 해에 걸쳐서 데이터가 쌓였을 때 의미가 있다. 반성적 쓰기 노트의 가치는 다음과 같다.

첫째, 반성적 쓰기 노트는 훌륭한 복습 교재이다. 반성적 쓰기에 수업 내용이 요약되어 있다. 아이가 이미 알고 있는 내용과 새로 알게 된 내용을 구분하여 '새로 알게 된 내용' 위주로 정리한다면, 복습을 위한 훌륭한 자신만의 교재가 될 것이다.

둘째, 반성적 쓰기 노트에는 자신의 수업 태도가 객관적으로 작성된 내용이 들어가 있다. 이것은 시간 차이를 두고 점검할 수 있는 기회를 준다. 그 당시 최선이라 생각했던 전략이 최선이 아니었다는 것을 스스로 깨닫는 것은 과거의 '나'보다 지금의 '나'가 더 성장했다는 것을 자각하는 순간이다. 이러한 순간은 쉽게 올 수 있는 것이 아니다. 만약 아이가 누적된 반성적 쓰기 노트를 갖고 있다면 과거 자신의 모습과 현재 자신의 모습을 살필 수 있다.

마지막으로 반성적 쓰기 노트에 적힌 감정에 대한 자기 점검이 가능하다. 지나가 버린 감정이라도 그때 자신의 느꼈던 감정을 되짚어 볼 수 있다. 더 나아가 성숙한 감정 표현에 대해서도 스스로 고민할 수 있을 것이다.

반성적 쓰기를 하고 난 후 그 결과물들을 차곡차곡 모아 두기 바란다. 기회가 될 때 사진첩을 펼치듯 결과물을 가볍게 읽어 보기를 권한다. 아이의 성장 과정이 파노라마처럼 펼쳐질 것이다.

실제 공부는 타인에 의한 꽉 채움이 아니라 공백에서 이루어진다. 공백 속에서 깊이 사유하는 방법을 배우는 것이 공부하는 방법을 배우는 것이다. 그 후 자신의 사유를 그대로 바라보며 앞으로의 전략을 짜 보는 것이 지금까지 내가 설명한 반성적 쓰기 공부법이다.

3

반성적 쓰기 공부법을
도와주는 부모

흙을 빚어 그릇을 만드는데

(그 가운데) 아무것도 없음 때문에

그릇의 쓸모가 생겨난다.

– 노자, 『도덕경』

1

부모가 아이 공부를 대할 때 무엇을 실수하는가?

아이의 공부 속도에 대한 부모의 착각

모둠 수업이 끝나고 현영이가 울먹이며 말했다. "선생님, 옆에 친구가 저한테 '너 바보 아냐?'라고 말했어요." 현영이는 느리게 공부하는 아이다. 하지만 공부하고자 하는 태도는 학기 초보다 많이 좋아졌으며, 자신만의 확고한 공부 동기도 있다. 옆에서 도와주면 충분히 성장할 수 있는 가능성을 가진 아이다. 현영이는 거북이처럼 천천히 자신만의 속도로 공부하고 있다. 하지만 친구들은 현영이의 특성을 이해하지 못하고, 자신과 비교해 공부 속도가 느리다 판단하고 '바보'라고 놀린 것이다. 현영이는 공부에 대해서 주눅이 든 상태이다. 종종 자신이 '정말 바보가 아닌

가?'라는 생각이 든다고 한다.

재민이는 빠르게 공부하는 아이다. 부연 설명을 하지 않아도 중심 내용을 이해하곤 한다. 수업 시간에 재민이의 대답 속도가 빨라서 다른 아이들이 이해하고 있는지 아닌지 헷갈릴 때도 종종 있다. 국어뿐만 아니라 다른 과목에서도 재민이의 빠른 이해력은 빛을 발한다. 주변에서 재민이는 똑똑한 아이로 통한다. 똑똑한 아이라는 말은 재민이가 어릴 때부터 많이 들어온 말이다. 하지만 재민이는 수업 시간에 공부 태도가 흐트러질 때가 많다. 아마도 그동안은 대충 공부해도 좋은 성적이 나왔던 것 같다. 그러한 상황이 반복되자 재민이는 열심히 하지 않아도 된다고 생각하고 있었다. 재민이는 시험을 본 후 그 결과를 받아 들고는 "실수했다"라는 말을 자주 한다. 정확히 알지 못해서 틀렸다고는 생각하지 않는다. 자신의 실수가 빈번해서 일어난 일이라고 생각한다. 종종 수업 내용이 이해되지 않을 때도 자신은 다 안다고 착각하는 경우가 있다.

희주는 세 살에 한글을 익혔고, 영어 학원에 다니지 않았는데도 파닉스Phonics 동영상 몇 개를 반복해서 보더니 그 원리를 이해했다. 실제로 부모님이 학원에 데리고 가보니 파닉스를 이해하고 있는 것이 맞았다. 공부를 받아들이는 속도가 아주 빨라서 희주를 본 선생님들은 '똑똑하다', '영리하다'라는 말을 많이 했다. 희주 엄마는 빠른 속도로 공부하는 희주가 학교 교과 공부도 잘할 것으로 예상했지만, 정작 학교에 들어간 희주는 정성 들여 해결해야 하는 과제에 대해서는 흥미도가 떨어졌다. 뭐든지 빠르지 않으면 재미없어 했고, 시간을 들여 정성스러운 태도도 해야 하는 것들은 소홀히 했다. 기본적인 생활 습관과 관련된 내용은 하기 싫어했고, 경쟁적인 게임 활동이나 빠르게 문제 풀기 등에 집착하는 모습을 보였다.

공부 속도가 빠른 아이들은 선천적으로 뭐든 빠르게 습득한다. '하나를 듣고 열 가지를 미루어 안다'라는 말은 바로 재민이나 희주 같은 아이들의 습득 능력을 말하는 듯하다. 이런 아이들은 주로 '똑똑하다'라는 말을 자연스레 많이 듣고 자란다. 그러나 이 말은 노력이 아닌 지능에 대한 칭찬으로, 이 말을 자주 들은 아이들은 노력하지 않을 가능성이 크다.

우리는 어릴수록 '똑똑하다'라는 말을 단순히 지식의 종류를 많이 아는 것으로 해석하곤 한다. 사고 과정이 얼마나 정교한지는 살펴보지 않는다. 예를 들어 6살 아이가 태양계 행성을 외워서 말한다면, 사고의 정교함에 관한 놀라움보다 어려운 단어를 단순히 암기하는 것에 놀라워하는 경향이 있다. 이 경우 '똑똑하다'라는 말이 나온다. 하지만 진정한 공부는 깊은 사고력이라는 것을 생각한다면, 단순 지식만을 열거하는 것은 큰 의미가 없다.

공부 속도가 빠른 아이들은 주변에서 '결과 중심의 피드백'을 많이 들어 왔을 것이다. '100점이 되면 용돈을 올려 줄게', '게임 시간을 늘려 줄게' 등은 모두 결과 중심으로 보상을 해 주겠다는 말이다. 많은 부모가 공부 과정에서 얼마나 최선을 다했는지는 묻지 않는다. 단순히 얼마나 성적이 올랐는지, 그리고 오른 성적이 유지되는지가 관심사이다. 이러한 피드백을 지속해서 받으면 아이의 공부 과정은 뒷전이 될 가능성이 크다.

이런 아이들의 행동을 보면 결과 중심, 완벽주의, 경쟁 등의 단어와 어울린다. 그리고 기대한 것만큼 성과가 나오지 않으면 공부에 대한 부정적인 감정을 드러낸다. 부정적인 감정은 '내가 똑똑하지 못하다는 것을 들킬까 봐 두렵다'의 표현임을 이해해야 한다.

아이의 공부 속도에 큰 의미를 두어서는 안 된다. 공부를 빠르게 하느냐, 느리게 하느냐를 따지는 것은 큰 의미가 없다. 부모가 아이의 공부 속도에 집착하다 보면 오히려 아이의 성장에서 놓치고 가는 것들이 많이 발생한다. 공부 속도보다 더 중요한 것은 깊이 있는 사고력이다.

나는 통제적 성향이 강한 부모인가?

'지피지기知彼知己 백전불태百戰不殆'라는 말이 있다. 고대 중국의 병법서『손자병법』에 나오는 말로, 전쟁에서 이기는 최고의 방법으로 손꼽히는 전략이다. 이 말을 부모 입장에서 살펴보면, 자신이 어떤 부모이고 자신의 아이가 어떤 아이인지를 알아야 성공적인 자녀 양육이 가능하다고 해석할 수 있다.

자기객관화가 얼마나 어려운 일인지 앞서 이야기한 바 있다. 부모는 자신이 어떤 부모인지 객관적으로 파악해야 하고, 또한 자녀가 어떤 아이인지 객관적으로 파악해야 하는 이중 과제를 안고 있다. 어려운 일임에도 불구하고 자녀와 부모 자신의 모습을 객관적으로 보도록 시도해야 하는 이유는 아이의 공부와 밀접한 관련이 있기 때문이다.

여러 부모 유형 중 우리가 주목할 유형은 통제적 성향이 강한 부모이다. 통제적 성향이 강한 부모는 아이의 공부에 부정적인 영향을 미친다.

고3 담임을 할 때의 일이다. 민지는 밤에 공부를 하는지, 수업 시간에는 눈을 뜨지 못하고 자는 모습을 보였다. 야간자율학습 시간에 열심히 공부하는 것을 보면 공부에 손을 놓은 것 같지는 않았다. 민지는 성적에 대해 예민한 모습을 보였고, 공부할 때도 부정적인 감정을 자주 드러냈다.

고3 학부모 상담이 있던 날, 민지 어머니가 학교로 찾아왔다. 어머니는 대장부 스타일에 몸짓과 목소리가 컸다. 민지 어머니의 등장에 조용하던 교무실이 활기를 되찾은 것 같았다. 상담 도중 민지 어머니가 갑자기 민지를 교무실에 불러서 대입 관련 상담을 하고 싶다고 제안했고, 민지가 교무실에 와서 삼자 대면이 시작되었다.

민지 어머니가 현실적으로 민지 정도 실력이면 작년 기준 어느 학교에 입학할 수 있을지 질문했다. 입학 가능한 학교에 대해 상담하는 도중, 갑자기 민지 어머니가 민지에게 호통을 치기 시작했다.

"그러니깐 공부를 하지 않더니 이것밖에 안 되잖아. 너는 그냥 엄마가 가라는 학교에 가. 선생님, ○○대학교에는 우리 애가 들어갈 수 있지요?"

어머니의 호통 소리가 너무 커서 민지도, 나도, 옆자리 선생님들도 모두 깜짝 놀랐다. 나는 민지의 감정이 걱정되기 시작했다. 아니나 다를까 민지 얼굴에 감정이 드러나기 시작했다. 한숨을 쉬는가 싶더니 갑자기 울 것 같은 표정이었다.

시간이 흘러 민지는 진짜 어머니의 예언대로 ○○대

학교 ○○과에 들어갔다. 지금 생각해 보니 민지 어머니가 그렇게 말한 이유는 아마도 민지가 걱정되었기 때문이었을 것이다. 그래서 더 잘하길 바라는 마음에 그렇게 말했던 것으로 이해한다. 하지만 아이가 호통치는 부모의 마음까지 이해하기란 무리가 있어 보인다.

민지 어머니는 아이에 대해서 통제가 강한 유형으로 추측된다. 가까이에서 지켜보았을 때 민지는 자기 주장이 강한 아이였다. 하지만 이상하리만큼 어머니 앞에서는 자기 주장을 하지 못했다. 중요한 결정을 내려야 하는 순간에 자신의 주장을 내세우지 않고 부모 결정에 순응하는 모습을 보였다.

모든 부모가 아이가 잘되기를 바라는 마음일 것이다. 하지만 결과적으로 보았을 때 아이가 자신의 역량을 최대한 발휘할 것처럼 보이지는 않는다. 통제형 부모 아래에서 아이는 자기주도성을 발휘할 기회가 없다. 부모가 자기주도성이 없는 아이를 끌고 가는 것도 힘든 일이다.

그러므로 부모가 자신의 모습을 객관화했을 때 통제적 성향이 두드러진다면, 자신의 모습이 아이에게 어떤 영향을 끼치는지 곰곰이 생각해 볼 필요가 있다.

불안한 부모, 불안한 공부

부모가 되면서부터 불안해진다. 나 역시 아이를 낳는 순간부터 연약한 아이가 거친 세상을 살아갈 수 있게 도와주어야 한다는 무거운 책임감과 더불어 양육에 대한 불안감이 엄습했다. 불안감은 생존본능과 연관이 있어 보인다. 부모가 불안해야 아이가 보호받으면서 살 수 있는 것이다.

부모의 지나친 불안은 당연히 양육 스트레스를 유발한다. 그에 따라 양육에 원칙이 없을 수 있다. 부모의 지나친 불안이 공부해야 하는 시기의 아이들에게 지대한 영향을 끼쳐 자기주도성을 빼앗는 결과를 도출한다면, 그 불안을 알아채고 중단해야 하지 않을까?

부모의 기본적인 불안함을 잘 이용하는 것은 사교육이다. 사교육은 부모의 불안을 먹고 산다. 그것이 사교육의 전략이라는 사실을 아는 순간 사교육의 불안에서 벗어날수 있다. 불안의 감정이 아닌 이성으로 사교육에 접근하는 것이 효율적인 전략이다.

어쩌면 '부모보다 더 불안한 것은 사교육이 아닐까'라는 생각이 든다. 현재 사교육은 유아들을 대상으로 한 영어 유치원과 사고력 수학이라는 새로운 흐름을 만들어 냈다. 물론 이에 대한 효과를 입증하는 내용이 각종 매체를 타고 전달되고 있다. 맘카페에서 부모들의 교육 관련 글은 영어 유치원을 보내느냐, 사고력 수학을 보내느냐는 질문으로 가득 차 있다. 내가 학교를 다닐 때만 해도 유아 대상 영어 유치원과 사고력 수학이 존재할 것이라고는 생각하지 못했다. 불안한 사교육은 초중고 학생들에서 유아에 이르기까지 그 대상을 넓힌 것이 현실이다.

감정은 전염성이 있다. 사교육 종사자의 불안함과 부모의 불안함이 더해진 결과를 누가 떠맡게 될까? 그 감정의 종착지는 바로 우리 아이들이다. 나는 어릴 때부터 지나치게 사교육을 받으며 달려온 아이들이 공부에 무기력해지거나, 짜증을 내는 모습을 많이 보았다. 둘 다 불안을 표현하는 다른 감정이다. 이처럼 불안은 다른 모습으로 나타나기도 한다.

부모의 불안감은 자연스러운 현상이다. 하지만 지나친 불안은 아이가 스스로 공부하는 힘은 물론, 시간과 돈을 낭비하는 결과를 낳을 뿐이다.

감정 조절의 실패가 가장 큰 이유

부모가 아이를 가르칠 때 실패하는 가장 큰 이유는 바

로 감정 때문이다. 아이를 가르칠 때 격려와 응원의 말을 하기보다는 걱정과 비난의 말을 할 가능성이 크다. 그리고 비교 대상을 찾아 끊임없이 비교하기도 한다. '엄친아'라는 말이 괜히 나온 것이 아니다! 사실 나 또한 이와 다르지 않다. 감정과 관련하여 부정적 영향을 미치는 것은 크게 두 가지 경우로 나눌 수 있다.

첫째, 부모 자신이 감정 조절에 실패하는 경우가 많다. 아이는 부모에게 공부를 가르쳐 달라고 말한 적이 없다. 성격 급한 부모가 험한 세상을 사는 데 도움이 되도록 아이에게 공부를 먼저 가르쳐 주겠다고 나선 것이다. 부모는 기대만큼 빠르지 못한 학습 속도를 보면서 아이에게 화를 낸다.

부모가 아이에게 많이 하는 "공부해라"라는 말도 부정적인 공부 감정을 낳는 말이다. "공부해라"라는 말을 칭찬의 맥락으로 하는 경우는 거의 없다. 아이를 질책하거나 원망하는 등, 부정적인 상황에서 나올 가능성이 크다. 아이들은 이 말이 가지는 분위기의 맥락을 아주 잘 알고 있다. 그런 상황에 많이 노출된 아이일수록 '공부=싫은 것'이라 생각할 가능성이 크다. 공부하지 않는 아이에게 "공부해라"라며 화를 내는 부모를 보며 자란 아이는 공부 자체에 흥미를 잃게 된다. 이처럼 부모 자신의 감정 조절 실패는 아이에게 부정적인 공부 감정으로 남게 된다.

둘째, 부모가 아이의 부정적 감정을 바라보는 데 실패하는 경우이다. 나는 첫째아이에게 일기를 써 보자고 하다가, 단 한 줄도 못 쓰는 아이에게 화가 난 적이 있다. 쓰기의 중요성을 잘 알고 있는 나 역시도 내 아이의 일기 지도는 굉장히 힘든 일이다. 아이도 짜증을 내고 있었다. 짜증을 내는 아이를 보고 있자니 화가 치밀어 올랐다. 내 아이에게 좋자고 시작한 일인데 아이와 나 모두 감정만 상하고 끝난 것이 한두 번이 아니다.

비슷한 일이 반복되면서 알게 된 것은, 내 아이의 짜증은 '어렵다'라고 표현할 수밖에 없다는 것이다. 아이들은 부모에게 겸손한 자세로 "어머니, 제가 이 내용이 어려워서 하지 못하겠습니다"라고 말하지 않는다. 내가 학교에서 만난 아이들은 수업 중 어려운 내용이 나오면 짜증을 내기보다는 이성적으로 표현한다. "선생님, 이 내용은 너무 어려워요"라고 말이다.

하지만 엄마로서 만나는 내 아이는 '어려움'이라는 메시지를 '짜증'의 감정으로 표현한다. 나름대로 아이의 표현 방식을 이해하고 나서는 부정적인 감정을 표출하는 아이를 보는 것이 한결 편안해졌다. 하지만 아직도 내 아이의 감정을 그대로 바라보기는 어려운 일이다.

만약 아이의 마음에 부정적인 감정이 올라왔다면 무엇 때문인지 그 이유를 생각해 보고, 그것에 대해 함께 이야기를 나누면 좋다. 그리고 부정적 감정을 긍정적 감정으로 애써 바꾸려 하지 않아도 된다. 그냥 그대로 두어도 괜찮다. 감정이란 불어오는 바람 같은 것이기에 스쳐 지나가면 그뿐이다.

아이는 감정을 어떻게 조절해서 행동해야 하는지 부모로부터 배우는 것이 가장 좋다. 아이가 가정 이외의 공간에서 자신의 감정 조절에 대해 지도받기란 쉽지 않다. 내적 친밀함이 밀접한 부모가 아이의 감정 조절을 고민하는 것이 가장 바람직한 교육 방법이다.

똑똑한 부모는 자신의 아이를 가르치지 않는다

가르치는 것이 나의 업이다 보니 첫째아이를 가르치겠다고 시도한 경험이 꽤 많다. 대부분 실패로 돌아갔는데, 그중 몇 가지 사례를 이야기하려고 한다.

하나는 수영이다. 아이가 수영장의 짧은 거리를 쉬지 않고 발차기를 하며 나아가는 모습을 보고 가르칠 용기가 생긴 것이다. 수영하는 아이를 보면서 "정말 잘한다"라고 말했더니, 아이는 더 적극적으로 수영을 했다. 그 모습을 보고 욕심이 난 나는 아이에게 발차기 하는 방법을 좀 더 섬세하게 가르쳤다. "자, 다리를 쭉 펴고 더 힘껏 발차기를 해 봐." 이 말을 여러 번 반복하는 순간 갑자기 아이가 말했다. "엄마, 나 이제 수영이 싫어졌어." 더 잘하라는 마음에서 한 말인데 아이는 배움에 대한 동기를 잃어버렸다. 결과적으로 나의 수영 지도는 실패했다.

수영뿐만이 아니다. 나는 아이에게 두발자전거 타기를 가르치는 것도 실패했다. 아이가 먼저 두발자전거를 배우고 싶다고 했다. 네발자전거를 잘 타기 때문에 균형만 잘 잡으면 될 것 같았다. "균형을 잡고 발을 떼!"라고 무수히 외쳤지만, 아이는 눈물을 글썽거리면서 두발자전거 타기를 포기했다. 이 또한 아이를 가르치는 데 실패한 경험 중 한 가지다.

지금 생각하니 아이에게 인정해 주어야 하는 것은 도전을 결심한 마음이었다. 하지만 나는 아이보다 더 큰 목소리로 아이에게 더 좋은 방향으로 나아갈 수 있는 방향을 제시했다. 마치 그것이 정답인 것처럼. 하지만 항상 그 결과가 좋았던 것은 아니다. 내 아이는 단 한 번도 부모에게서 선생님처럼 자세한 코칭을 바란 적이 없었다.

부모가 아이의 공부를 가르치지 않는다면 도대체 공부

와 관련해 무엇을 할 수 있을까? 사실 부모는 아이의 공부에 큰 영향력을 미친다. 선생님은 아이를 보는 시간이 한정적으로 정해져 있다. 부모는 아이를 만나는 시간이 선생님보다 많으며, 아이 인생의 한순간에 잠깐 만나는 선생님과 달리 연속적으로 아이를 지켜본다는 장점이 있다. 더군다나 내 아이에 대한 끝없는 관심과 사랑은 타인에 비할 바가 아니다. 공부할 시기에 접어든 아이의 자기주도적 공부가 성공하기 위해서는 그 전부터 기반이 마련되어 있어야 한다. 그것은 부모만이 해 줄 수 있다.

일타 강사보다 또래 강사

텔레비전에 나오는 일타 강사의 수업을 시청한 적이 있다. 많은 사람이 잘 가르친다고 인정한 강사, 연봉으로 실력을 증명한 강사이다. 일타 강사의 수업은 평범하지 않았다. 잘 정리된 교과 내용 전달은 물론 매너 있는 제스처, 집중력이 흩어질 때쯤 들려주는 재미있는 에피소드들도 강의에 집중할 수 있도록 도와주었다. 힘든 과정을 겪어야 하는 아이들에 대한 공감의 말도 빼놓지 않았다. 1초도 한눈을 팔 수 없었다. 시간은 순식간에 흐르고, 강의가 재미

있는 연극처럼 느껴졌다. 괜히 일타 강사가 아닌 듯했다.

대부분의 일타 강사는 주입식 강의를 한다. 여기서 의미 있는 실험을 소개하고자 한다. 이혜정 저자가 『대한민국의 시험』에서 소개한 실험이다.

아이오와 주립대 심리학과의 샤나 카펜터SHana k. Carpenter 교수의 연구팀이 실시한 실험이었다. 학생들을 두 집단으로 나누어 각각 다른 영상을 보여 주었는데, 하나는 교수가 자신 있는 태도로 학생들과 눈을 맞추며 유창하게 말하는 수업 영상이었고, 다른 하나는 교수가 소극적 태도로 책에 코를 박은 채 어수룩하게 말하는 수업 영상이었다. 수업의 내용 자체는 동일했다.

영상을 다 본 학생들에게 자신이 수업 내용을 어느 정도나 기억하리라 예상하는지 물었다. 유창한 수업 영상을 본 학생들이 예상한 정도는 어수룩한 수업 영상을 본 학생들이 예상한 정도보다 약 두 배 더 높았다.

그런데 막상 시험을 치러 보니 뜻밖의 결과가 나왔다. 실제로 두 집단이 수업 내용을 기억하는 정도는 큰 차이가 없었다.[25]

---

25 이혜정, 『대한민국의 시험』, 다산지식하우스, 2017, p.77-78.

이 실험을 통해 강의식 수업은 어차피 아이들에게 큰 영향력을 발휘하지 않는다는 것을 알 수 있다. 즉 강의식으로 수업 방법이 같다면 일타 강사이든 아니든 큰 의미가 없다는 결론이다.

새내기 교사 시절, 서울대학교를 졸업한 선배 선생님이 있었다. 학교의 학생들과 학부모 역시 선배 선생님의 출신 대학을 잘 알고 있었다. 내 수업 시간에 한 아이가 갑자기 질문을 던졌다.

"선생님은 무슨 대학 나왔어요?"

"글쎄, 어느 대학 나왔을까?"

"영어 선생님은 서울대 나왔어요. 선생님도 서울대 나왔어요?"

"아니."

"아, 그러면 영어 선생님보다 못 가르치겠네요?"

"……."

사람들은 좋은 대학을 나온 선생님이 잘 가르칠 것이라고 착각한다. 하지만 가르치는 일을 오래 한 선생님들끼리는 간혹 이런 이야기를 주고받는다. 공부를 아주 잘한 사람은 오히려 잘 가르치지 못한다고 말이다. 개념을 이해하는 것의 어려움을 겪어 보지 못해서 못 하는 것에 대한 이해가 어렵다고 한다. 아이가 무엇을 어려워하는지에 대한 이해 없이 뛰어난 자신의 실력으로 아이들을 대하게 된다는 것이다. 좋은 대학을 나왔다는 것은 분명 우수한 학업 성취를 증명하지만, 가르치는 능력을 증명하지는 않는다.

우리는 아이의 다양성을 고려하여 여러 가지 선택을 할 수 있는 교육 환경에서 살고 있다. 특히 아이들이 받는 사교육에서는 선택의 다양성을 존중받고 있다. 물론 강사도 선택할 수 있다. 부모들은 여러 강사의 특성과 정보를 공유하고, 출신 대학과 앞선 학년도의 입시 배출 결과 등의 정보를 모은다. 이왕이면 더 잘 가르치는 강사를 선택하고자 맘카페에 드나들거나 발품을 팔며 노력한다.

그렇다면 아이의 학업 성취를 이끌어 내기 위해 어떤 강사를 만나야 할까? 분명한 것은 비싼 수강료를 요구하거나 남에게 좋았던 강사보다는 아이의 공부 상황을 잘 이해하거나 학습자로서 어려움을 경험해 본 강사가 내 아이에게 더 좋은 강사라는 사실이다.

현실적으로 보았을 때, 해당 지식도 잘 알고 있고 배울 때의 감정도 생생하게 간직하고 있는 공감력 좋은 강사가 아이들 옆에 있다. 바로 한 교실에서 함께 공부하는 또래 친구이다. 학업 성취가 내 아이보다 조금 더 뛰어난 친구라면 더 좋다. 또래 강사는 아이가 만날 수 있는 최고의 강사이다.

　학교에서 성적이 우수한 아이가 다른 아이를 가르쳐 주면서 둘 다 성적이 오르는 것을 종종 보게 된다. 짝을 지어서 서로 질문을 주고받으며 지식을 확장하는 것이다. 가르치는 경험을 하는 아이와 공감력 좋은 또래로부터 배운 아이. 이것이야말로 아이의 자기주도성을 끌어올리는 바람직하고 효율적인 공부 모습이 아닐까?

2

아이의 공부 그릇을
키워 주세요

반성적 쓰기 공부법을 도와주는 부모

중학생이 되면 본격적으로 반성적 쓰기 공부법을 시작할 좋은 시기다. 초등학생 때와는 달리 학교 시험이 시작되므로 학교 시험을 단기 목표로 삼을 환경적 조건이 완성된다. 그 단기 목표를 달성하기 위해 반성적 쓰기 공부법을 통한 전략을 세우고 실천하기 위한 적기다. 실패를 두려워하지 않고 도전하는 아이라면 반성적 쓰기에 적을 내용이 많을 것이다.

고등학생의 경우에는 세밀하게 과목을 나누어서 반성적 쓰기를 하는 것도 좋은 방법이다. 앞서 '반성적 쓰기 공부법의 응용'에 나와 있듯이, 수학을 비롯해 교과별로 깊이 있는 내용을 습득하기 위해 반성적 쓰기 공부법을 활용한 전략을 세워 볼 수 있다. 자신이 부족한 과목은 더욱 심혈을 기울여 써 보는 것을 추천한다. 또한 고등학생은 대입이라는 큰 관문을 통과해야 하므로, 장기 목표를 달성하기 위한 전략을 세워 보는 방법으로 반성적 쓰기를 활용하면 유용할 것이다.

위에서 언급한 중고등 시기의 반성적 쓰기 공부법은 부모의 역할보다는 아이의 역량 발휘가 관건이다. 부모가 아이의 공부 습관을 가장 효율적으로 도울 수 있는 시기는 초등학생 때이다. 중학생이 되었다면 이제 아이를 믿고 맡기도록 해야 한다. 중학생이 되어서 공부 습관을 잡으려고 하면 아이와 갈등이 생길 가능성이 크다. 중학생 아이들은 사춘기라는 복병이 기다리고 있기 때문이다. 그때가 되면 어차피 공부할 아이들은 스스로 공부하고 있을 것이다. 안 할 아이들은 부모가 어떤 노력을 해도 안 할 가능성이 크다. 반성적 쓰기를 스스로 하고자 하는 중학생 자녀에게 부모가 이 방법을 소개할 순 있지만, 관리 감독은 부모의 몫이 아니다.

아이의 공부를 대하는 가장 쉬운 방법은 학원에 보내는 것이다. 좀 더 신경 쓴다면, 더 잘 가르치는 학원을 찾아 보내는 것이다. 하지만 그것이 전부라고 믿고 있다가 어느 순간 학원으로부터 배신을 당하게 된다면 어떨까? 시간과 돈을 투자했는데 원하는 결과가 나오지 않을 수도 있다는 사실을 알아야 한다. 학원이 유일한 대안이 아니라면 부모가 직접 계획을 짜고 실행에 옮기도록 도와주어야 할까? 이 또한 앞에서 이미 큰 도움이 되지 않는다는 것을 설명했다. 그렇다면 부모는 아이의 공부를 위해 도대체 무엇을 해야 할까?

바로 아이가 담을 수 있는 공부 그릇을 키워 주어야 한다. 작은 공부 그릇을 가지고 있는 아이에게 최고의 선생님이 공부 내용을 넣어 준다고 한들, 그 그릇은 금방 차 버려 다른 내용을 담을 수 없을 것이다. 작은 공부 그릇을 가진 아이들은 지친다고 호소하기 쉽다. 반면, 공부 그릇이 큰 아이는 스스로 자신의 근 공부 그릇을 채우고자 노력하는 모습을 보일 것이다. 즉, 부모가 아이의 공부를 대할 때 해야 할 것은, 바로 아이의 공부 그릇을 키울 수 있는 방법에 대한 고민이다.

내가 제안하는 방법은 크게 세 가지다. 이 세 가지는 타인으로부터 배우기보다는 부모로부터 배우는 것이 가장 효과적이고 효율적이다. 바로 '독서 습관, 메타인지를 활용하는 능력, 쓰기 습관'이다.

좋은 흙으로 공부 그릇을
빚고자 하는 행위, 독서 습관

동서고금을 막론하고 독서는 최고의 공부법이다. 독서야말로 부모로부터 가장 영향을 받기 쉬운 영역이다. 나역시 바쁜 일상에서도 내 아이를 위해 포기하지 못하는 공부 습관을 하나만 꼽으라면 바로 독서이다. 부모가 아이의 독서 세계를 위해 전체적인 로드맵을 그려 줄 필요는 없다. 부모는 아이가 앞으로 펼쳐 나갈 독서 세계의 마중물 역할만 하면 충분하다. 그 방법이 어렵지는 않다. 왜냐하면 독서는 즐거운 일이기 때문이다.

독서의 즐거움을 아는 아이들은 시키지 않아도 독서를 한다. 하얀 바탕의 종이에 활자로 이루어진 상상력의 세계에 푹 빠져 본 아이들은 다른 무엇보다 책이 재미있다는 것을 알고 있다. 즐겁다면 아이들은 스스로 한다. 즐거움이 빠진 채, 단순히 성적을 올리는 수단으로 독서하는 아이들의 독서 생명은 길지 않다.

내가 정아를 눈여겨본 것은 수업 중 독서 활동을 할 때였다. 나는 중학교 1학년 아이들을 만나면 모든 아이가 같은 책을 읽도록 지도한다. 한 반 28명의 아이들이 같은 책을 끝까지 읽고 독서 토론, 독서 감상문 등의 활동을 한다. 이 시간에 책을 받아들이는 정아의 태도가 가장 눈에 띄었는데, 내가 소개한 책에 호기심 가득한 태도로 접근했다.

"예전에 읽어 본 책이에요. 선생님." 이렇게 말하며 책에 대한 배경지식을 전달했던 정아는 빠른 속도로 책을 읽어 내려갔다. 속독을 했기에 책 내용을 정확히 이해했는지 의문스러웠다. 책에 대해 몇 가지 질문을 던졌더니, 정아는 모범적인 어휘를 사용하여 막힘없이 대답했다. 그 후 아이들과 하는 독서 토론에서도 주도적인 역할을 했고, 독서 감상문을 작성할 때도 최선을 다하는 모습이었다.

수업할 때 정아를 보면 항상 여유 있는 태도를 보였다. 아이들이 내게 묻는 질문에 정아가 대신 대답하기도 했다. 아마도 교과서 어휘의 문맥적 의미가 잘 읽히는 듯했다. 다른 교과 시간에도 정아는 서서히 두각을 드러내는 것 같았다. 정아의 교과 전체 내용을 뚫는 통찰력, 막힘없이 문맥적 의미를 이해하는 능력, 학습 목표에 중요한 내용과 그렇지 않은 내용에 대한 판단력 등이 수업 중 빛을 발할 때가 자주 있었다.

정아는 쉬는 시간에 책을 읽었다. 억지로 읽는 것이 아니라 독서 자체를 즐기는 것 같았다. 정아에게 물어보니, 초등 시기에는 더 많이 읽었는데 중학생이 되어서 시간이 부족해 독서 시간을 줄였다고 했다. 정아의 독서에 영향을 준 사람이 누구냐고 물었더니 아버지한테서 영향을 받았다고 대답했다. 어릴 때부터 아버지와 함께 도서관에 자주 다녔고, 아버지도 독서를 즐기시는 분이라는 이야기도 빼놓지 않았다.

정아와 같은 아이들을 해마다 1명씩 만난다. 그 아이들은 책을 읽는 것을 즐긴다. 물론 독서를 즐긴다고 성적이 즉시 향상되는 것은 아니다. 중학교에서 1등은 공부 관리를 받으면서 공부하는 아이들의 자리다. 하지만 이들은 뭔가에 쫓기듯 공부하는 모습을 보인다. 중간고사가 끝나면 바로 기말고사 대비에 들어가야만 지킬 수 있는 자리이기 때문이다.

반면. 독서를 즐기는 아이들은 언제라도 마음만 먹으면 좋은 성적을 낼 수 있다는 자신감, 교과서의 어휘를 쉽게 읽으며 이해하는 모습, 수업 중 교과서 외의 내용이 나오면 더 흥미로워하는 모습, 여유 만만하게 학교생활을 즐기면서도 손에서 책을 놓지 않는 모습도 보인다. 사용하는 어휘가 다양하여 선생님을 놀라게 하거나, 자신의 의견을 거침없이 말하는 모습도 보인다. 이 아이들은 고등 시기에 자신의 진정한 실력을 뽐낸다.

초등 시기부터 독서를 즐긴 아이들도 중학생이 되면 독서 시간을 줄인다. 다른 교과 공부도 해야 하기 때문이다. 하물며 초등 시기에 독서를 하지 않고 스마트폰의 재미에 빠져든 아이들은 어떨까? 너무나도 당연하게 손에 책 대신 스마트폰을 쥐고 있을 것이다.

초등 시기 스마트폰에 시간과 재미를 빼앗기기 전에 독서의 즐거움을 알려 주어야 한다. 독서의 즐거움은 다른 곳에서 찾을 수 없는 질 높은 차원의 즐거움이다. 하얀 바탕에 활자로 이루어진 갖가지 모험, 상상력과 등장인물의 감정에 동화되는 간접 경험은 공부는 물론이거니와 아이의 인생에서도 값진 선물이다. 이 독서 습관이 잘 잡힌 아이는 큰 공부 그릇을 빚는 가장 기본적인 토대를 마련한 셈이다. 부모는 긴 시간에 걸쳐 아이에게 독서 습관을 만들어 줄 수 있다. 이것이 바로 아이의 공부 그릇을 만드는 첫 번째 단계이다.

공부 그릇의 크기를 결정하는 것, 메타인지를 활용하는 능력

독서를 통해 공부 그릇을 만들기를 시작했다면, 이왕

이면 더 큰 공부 그릇을 만들어 주는 것이 좋다. 그것은 아이의 메타인지를 자극함으로써 가능하다. 부모와 아이가 대화를 나누면서도 아이의 메타인지를 자극할 수 있다. 다음은 일상생활 속에서 아이의 메타인지를 자극할 수 있는 부모의 말과 행동 습관이다.

① (시험을 앞두고) "몇 점을 받을 것 같니?"

자신의 공부 활동이 어떤 결과를 나타낼지 예측하게 하는 질문은 아이의 메타인지를 자극할 수 있다. 시험 전 자신의 예상 점수와 시험 후 실제 점수를 비교하면서 아이 스스로 자신을 어떻게 객관화하고 있는지도 알 수 있다.

② (공부하면서 아이가 실수 또는 실패했을 때)
"괜찮아, 그건 어려운 일이야. 천천히 다시 해 보렴."

메타인지를 키우는 좋은 환경은 실수와 실패를 하더라도 도전을 멈추지 않도록 격려하는 환경이다. 그러므로 실수와 실패를 두려워하지 않도록 해 주어야 한다. 실수를 허용하는 말과 분위기는 아이들을 도전하게 만든다.

아이가 다양한 도전을 하기 위해서는 경험이 필요하다. 학교에서도 다양한 경험을 장려하고 있다. 그리고 다양한 경험을 통해 적성을 찾도록 도와주어야 한다. 성공의 경험뿐만 아니라 실패의 경험도 아이의 성장에 아주 소중한 것이다.

③ (공부 과정의 즐거움을 느끼도록, 결과에 집착하지 않는 말과 행동을 하기) "열심히 노력했구나."

"너 참 똑똑하구나"라는 말은 아이들의 불안을 자극하는 말이다. 실제로 이 말을 들은 아이들은 자신이 똑똑하지 않다는 것을 들킬까 봐 열심히 공부하는 것을 꺼린다. 이 말은 도전을 방해한다. 여기서 주목해야 하는 것은 아이들이 도전하도록 하는 자세다. "똑똑하다"라는 말은 '도전'을 방해하므로 안 하는 것이 낫다. 칭찬하고자 한다면 "열심히 노력했구나"처럼 과정을 칭찬하는 말을 해 주자.

④ (시험이 끝나고) "어떤 문제가 도전하게 하는 매력적인 문제였어? 너의 공부 전략이 효과가 있었니?"

아이들은 시험이 끝나자마자 그 내용을 다 잊어버렸다고 말한다. 하지만 시험은 또 다른 공부가 이어지는 연습이고, 장기목표를 달성하기 위한 관문이라는 것을 분명히 알아야 한다. 그 과정에서 본인이 어떤 실수를 했는지 점검하고, 실수를 줄이기 위해 어떤 노력을 해야 할지 전략을 세우는 과정이 필요하다. 시험이 끝나고 나서 '반 아이

들의 점수가 어떠하며, 누가 100점을 맞았는지'에 대한 질
문보다 더 좋은 질문이 있다. '어떤 문제가 도전하게 하는
매력적인 문제였는지, 공부 전략이 효과가 있었는지'를 묻
는 것이 더 적절하다. 이 질문은 시험을 치고 나서도 공부
과정에 집중할 수 있도록 도와주는 질문이다.

⑤ (아이가 질문을 할 때 다시 질문하기) "너는 어떻게
생각하니?"

수업 시간에 헤르만 헤세의 소설 『데미안』을 언급한
적이 있다. 내 수업을 듣고 『데미안』을 읽은 한 아이가 질
문을 던졌다. "데미안에 대한 소문에 대해서 우리가 정말
로 그렇게 믿으면 되는 걸까요?" 나는 대답하지 않았다.
정답을 스스로 찾아내는 힘. 그 과정에서 공부가 이루어진
다고 생각한다. 그래서 질문에 대한 정답은 바로 질문이
다. "너는 어떻게 생각하니?"

⑥ "네가 알고 있는 것이 무엇이니?", "네가 모르는 것
은 무엇이니?"

부모가 아이에게 질문을 잘하는 것만으로도 아이의 메
타인지를 활용하기 수월한 환경에 놓이게 된다. 아이에게
질문을 던지자. "네가 알고 있는 것이 무엇이니?" 혹은 "네

가 모르는 것은 무엇이니?" 그 질문을 받은 아이들은 자신이 알고 있는 것과 모르는 것을 알고자 노력하게 될 것이다.

ⓘ 되도록 어렵게 공부하도록 도와주자

공부가 이루어지는 과정은 쉽지 않다. 이해, 추론, 비판, 창의적 사고를 동반하는 일이니, 끊임없이 뇌를 움직여야 가능하다. 족집게 강사가 짚어 주는 내용만으로 공부하겠다? 이것도 쉽게 공부하고자 생겨난 발상이다. 쉽게 공부하는 방법은 없다. 쉽게 배운 지식은 내일 사라진다. 노력을 많이 하는 공부가 오래 남는다.

공부 그릇의 완성도를 높이는 작업, 쓰기 습관

쓰기는 장벽이 높은 공부 영역이다. 쓰기 행위가 이루어지기 위해 부모가 가장 관심을 기울여야 하는 것은 아이들의 '쓰기 동기'이다. 내가 유달리 '쓰기 동기'에 관심을 기울이게 된 것은 개인적인 경험 때문이다.

나는 목표한 대학을 가기 위해서 논술 점수가 중요하다고 판단했다. 수능 점수로는 안정권이 되지 않았기 때문이었다. 당시는 인터넷이 활성화될 시기였는데, 우연히 전문 작가에게 직접 지도받을 수 있는 논술 교실이 있다는 것을 알게 되었다. 한 번 수강료를 내면 무한으로 피드백을 해 준다는 광고는 달콤한 유혹이었다. 주저할 필요가 없었다.

꽤 어려운 주제를 받고 며칠을 고민한 후 글을 완성했다. 메일을 보내고 답장을 기다렸는데, 막상 답장을 본 나는 의기소침해질 수밖에 없었다. 온통 빨간 줄이 그어진 내 논술 답안지는 내 자존심에도 스크래치를 남겼다. 하지만 상황이 급박한 터라 나는 조언을 받아들여 수정 후 다시 메일을 보냈다. 며칠 뒤 다시 빨갛게 칠해진 내 논술 답안지를 보고 그만 논술을 포기하고 말았다. 수업에서 만난 아이들 역시 나처럼 쓰기를 한 후 나쁜 피드백을 받은 경험이 있었다. 이러한 경험이 많은 아이들일수록 글쓰기를 싫어한다.

그래서 나는 쓰기 지도의 가장 핵심을 '어떻게 하면 쓰기 동기를 가지게 할 것인가?'로 보았다. 부모가 아이의 쓰기를 지도할 때도 아이의 쓰기 동기에 가장 큰 관심을 기울여야 한다. 그리고 아이가 자발적으로 쓰기를 할 수 있도록 도와야 한다. 아이의 자발적 쓰기가 완성되면 쓰기 지도의 90%를 완성했다고 보아도 된다.

아이가 무엇인가를 쓰고자 한다는 것은 하고 싶은 말

이 있다는 뜻이다. 내용 없는 쓰기는 없다. 그리고 부모가 아이가 연필을 쥔 손을 잡고 같이 쓸 수 없는 한, 아이에게 쓸 내용을 마련해 주어야 하는 것이 부모의 역할이다. 아이에게 제공할 수 있는 내용은 크게 두 가지로 나눌 수 있다. 즐겁고 다양한 직접적인 경험, 그리고 간접 경험인 독서가 있다. 즐겁고 다양한 경험을 한 날은 일기에 쓸 내용이 많았던 경험이 있을 것이다. 또 감동받은 책을 읽은 후에도 뭔가를 쓰고 싶은 욕구가 생겼을 것이다.

자, 아이가 쓸 내용이 있다며 책상에 앉았다면 목표 성공이다. 그 후에는 '어떻게 하면 잘 쓸 것인가?'를 고민하는 것이 아닌 '그냥 쓰는 것'이다. 유려하고 완벽한 문장을 쓰겠다고 생각하는 순간 쓰기를 끝까지 못 해낼 가능성이 크다. 그러니 문법에 맞고, 글씨도 예쁘며, 상황에 적절한 단어를 구사하여 문장을 쓰도록 유도하지 말고 그냥 쓰도록 해야 한다. 글을 완성했다면 그 자체만 칭찬하면 된다. 피드백을 하고자 한다면, 나쁜 점이 아닌 좋은 점을 찾아 결과가 아닌 과정을 칭찬해 주자. 특히 반성적 쓰기는 공부를 위한 글쓰기이므로 다양한 문장 종류의 특성을 파악하여 유려하게 쓰는 것을 목표로 하는 글이 아니다. 자신의 사고 과정을 내용으로 삼아 글을 작성하는 것이다.

초등 시기에 쓰기를 접목한다면 바로 일기를 쓰는 습

관이 있다. 일기 쓰기를 하면서 글쓰기의 기본 개념을 익힐 수 있다. 일기 쓰기와 반성적 쓰기는 독자를 자기 자신으로 삼는 점이 유사하다. 아직 본격적인 반성적 쓰기를 시작하고 있지 않기에, 일기 쓰기를 통해 '반성反省, Reflection'의 개념을 익히는 것이 좋다. 자신의 하루를 돌아보고 겪었던 일에 대한 느낌과 생각을 적어 본다. 일기는 쓰기 능력뿐만 아니라 자신의 생활을 되돌아보며 더 나은 내일을 향하도록 나아가도록 도움을 준다.

글 전체를 바로 작성하기보다는 문단별로 작성하도록 유도한다. 한 번에 긴 글을 작성하는 것은 쓰기 부담감이 크다. 나 또한 정인이와 반성적 쓰기를 공부할 때 문단별로 들어갈 내용을 끊어서 작성하도록 지도했다. 오늘 있었던 일 중 가장 즐거웠던 일과 감정을 한 줄씩 적어 보자. 문장은 곧 문단이 되고 문단이 전체 완성된 글이 된다. 그렇게 시작한다. 쓰기야말로 아이의 공부 그릇의 완성도를 높이는 것이기에 포기하지 말길 바란다.

비워야 채워지는 공부의 역설

고2 담임을 할 때의 일이다. 상담 주간에 혜연이 어머니를 만난 뒤 나는 생각이 깊어졌다. 중위권 성적이던 혜연이가 성적 때문에 큰 스트레스를 받고 있다는 사실을 어머니를 통해 알게 된 것이다.

혜연이 어머니는 아이의 세세한 공부 방법과 성과를 알고자 했고, 앞으로 진로 방향에 대해서 가이드하고자 했다. 어머니와 혜연이의 관계를 미루어 짐작했을 때 혜연이가 공부 주도권을 빼앗긴 것 같았다. 혜연이 어머니는 생각보다 잘 나오지 않는 아이의 성적과 진학에 대한 고민으로 내 앞에서 눈물을 보이기까지 했다.

상담이 끝난 후, 나는 한참 동안 '아이의 공부를 위해 부모가 무엇을 해야 할까'라는 고민을 했다. 부모가 앞장서서 진로를 체크해 주어야 하는 복잡한 대입 전형, 주변의 다양한 성공과 실패 사례 등 부모를 불안하게 하는 요소들이 많아 보였다. 문득 오래 전 학창 시절, 내 어머니가 나의 공부를 대하던 모습을 떠올리게 되었다.

내 어머니는 시험이 다가올 때마다 울상을 짓던 내게 항상 "공부 그만해도 돼. 그만 자."라고 하셨다. 그 말을 들으면 이상하게도 초조하고 불안했던 마음이 눈 녹듯 사라지는 경험을 했다. 어머니의 저 소박한 어휘 안에 내 마음을 따뜻하게 어루만지는 어떤 힘이 있었는지, 지금 생각해도 신기할 뿐이다. 지금까지도 내가 '공부하는 것은 즐거운 일이다'라고 생각하는 것은 아마도 어머니가 내게 해준 말씀의 영향이 아닐까 생각해 본다.

나중에 교육과 관련된 많은 공부를 하고 나서 나는 깨닫게 되었다. 내 어머니의 말씀은 당신 나름의 '과정에 대한 칭찬'이었다는 것을 말이다. (경상도가 고향인 어머니가 상담 책에 나올 법한 표현으로 과정을 칭찬하기란 무리였을 것이다. 나는 이러한 무뚝뚝한 표현을 과정에 대한 칭찬으로 이해한다.) 지금도 시험 공부를 하는 내 방문을 열어 보시며 어머니가 "그만 자"라고 하던 그 순간의 분위기와 그때의 내 감정을 기억하고 있다.

물론 어머니의 말씀처럼 책을 바로 덮고 잠을 잔 것은 아니다. 늦은 시간이 되도록 잠과 싸워 가며 공부한 기억이 있다. 그렇게 할 수 있었던 이유는 공부에 대한 나의 힘들고 복잡한 감정을 어머니가 비워 주셨기 때문이었을 것이다.

부모가 아이와 함께하는 시간은 공기처럼 가볍고 익숙하며 친근함이 있다. 부모는 아이에게 실패해도 괜찮은 넓고 안정적이며 단단한 땅이 되어야 한다. 땅이 하늘을 향해 솟구치면 그 땅을 딛고 높이 올라갈 수야 있겠지만, 숨 쉬기도 어렵고 그 땅에 뿌리를 내리며 살아가기도 힘들다.

부모가 욕심을 내어 아이에게 채찍질하듯 공부를 시킨다면, 성공은 시킬 수 있을지언정 아이가 편안한 숨을 쉬게 할 수는 없을 것이다. 부모로부터 상처를 받은 아이들은 과연 어디에서 쉴 수 있을까?

부모가 아이에게 줄 수 있는 최고의 감정은 '편안함'이다. 편안한 아이들은 안정적이고 단단한 땅에 뿌리내려 자기 삶을 위한 애정 어린 예쁜 꽃을 하늘을 향해 피워 낸다.

그러니 부모는 아이의 공부를 편안하게 대해야 한다. 이를 실행하는 구체적 방법은 아이의 공부 그릇을 비워 주는 말일 것이다. "실패해도 괜찮아", "열심히 한 것 알아", "엄마 옆에서 쉬어"의 등의 말은 아이의 공부 그릇에 복잡하게 얽혀 있는 감정의 찌꺼기들을 비워 주는 말이다. 이것을 비워 낸 아이들은 다시 스스로 해낼 것이 분명하다.

부모가 아이의 공부를 위해 해야 할 일은 앞서 언급한 세 가지 습관을 만들어 주는 것이다. 그 다음에는 잠시 숨을 고르면 된다. 공부는 아이가 스스로 채워 나갈 것이다. 채움으로 향하는 아이의 반성적 쓰기 공부를 응원하자.

끝맺으며

국어 선생님의 반성적 쓰기

선생님이 되고 나서 초창기 시절 이야기다. 대단한 사명감까지는 아니지만, 나는 아이들에게 공부를 잘 가르쳐 주고 싶었다. 그래서 항상 준비하는 모습을 보이고자 노력했다. 그때는 '잘 가르쳐 주는 선생님'이란 말을 굉장한 칭찬으로 들었다. 내 노력에 대한 보상이었으니까. 아마도 누군가의 칭찬에 목말라 있었던 것 같다. 칭찬을 받으면 '그래, 나를 인정해 주는 누군가가 있구나'라고 생각했다. 하지만 그 뒤에는 피곤함이 몰려왔다. 완벽주의를 위해서 스스로를 괴롭혔다.

나는 부족한 것이 많은 사람이다. 스스로 기대한 것처럼 모든 것을 잘할 수 있는 선생님이 아니었다. 수업 내용도 준비하고 나서 뒤돌아서면 많이 잊어버린다. 하지만 스스로 생각할 때 그러면 안 될 것만 같았다. 그건 '완벽하지 않은' 선생님이니까 말이다.

　몇 년이 더 지난 후, 그 완벽함에 대한 내 기대를 더 강화한 일이 생겼다. 인문계 고등학교에 재직할 때, 은사님과 함께 근무했다. 내 고등학교 시절을 잘 아시던 선생님이었다. 그때 선생님께서 어느 반에서 농담 반 진담 반으로 내가 '전교 1등을 일삼았던 학생'이라고 말씀하셨다. 그 소문은 순식간에 전교로 퍼져 나갔다. 아이들이 생각하기에 나는 마치 걸어 다니는 백과사전처럼 모든 것을 다 아는 전설 속 인물의 현실판이었다.

　그 소문은 사실이 아니었다. 은사님께서 나를 좋게 기억하고 계신 것은 굉장히 고마운 일이었다. 아마도 좋은 기억으로 남은 학생이기에 그 말씀을 해 주셨을 것이다. 하지만 나는 조용히 제 할 일 열심히 하면서 좋은 성적 받기를 기대하는 평범한 학생이었다. 그리고 내 기억에 전교 1등을 한 적은 단 한 번도 없었다.

　"사실이 아니야"라고 말하고 다녔지만, 내 말을 들어주는 아이들은 없었다. 아이들은 학창 시절에 '전교 1등을 일삼았던 학생'이 선생님이 되어 자신을 가르치는 것을 자랑스럽게 여겼다. 아이들은 내게 공부 비결을 묻는다든지, 공부법에 관한 고민을 상담하는 등 신뢰를 표현했다. 몇몇 아이들은 고등학교 수학 문제를 풀어 보라고 실력 테스트를 하기도 했다. 기분이 나쁘지만은 않았다. 아니, 사실 이러한 관심이 재미있었다. 나를 보는 시선들이 달라졌으니 말이다.

그때 나는 '과거 전교 1등을 일삼았던 학생'에 어울리게 모르는 것이 없어야 한다고 생각했다. 제자들의 롤모델이 되어야 한다고 생각하니 항상 바빴다. 인기에 연연하는 화려한 언변을 지닌 연기자여야 했다. 수업이 끝나도 다음 수업의 연기를 위해 눈코 뜰 새 없이 바빠야만 했다.

비슷한 시기에 옆반 담임 선생님이 우리 반 아이들에게 내 이미지를 물었다고 한다. 답변은 "완벽한 선생님"이었다고 했다. 일련의 사건들을 겪으면서 나는 내심 기분이 좋았다. 그리고 어느 순간부터는 거짓된 소문이 마치 사실인 것처럼 스스로를 속이기도 했다.

하지만 시간이 지날수록 완벽하고 싶은 내 욕심에 외부의 시선까지 겹쳐서 힘들고 불편한 날들이 계속되었다. 마치 몸에 맞지 않는 옷을 입은 기분이랄까? 화려하고 완벽한 옷을 입고 있지만, 사실 난 그 옷과는 어울리지 않는 평범한 사람이라는 것을 남들이 알아챌까 봐 걱정했다. '내가 완벽하지 않다는 것을 저 사람이 알면 얼마나 실망

할까?'라는 생각으로 불안했다.

나를 가장 심하게 괴롭힌 주범은 바로 '나 자신'이었다. 지금 생각해 보니 '공부 잘했던 학생'이라는 지나가 버린 과거의 명예(사실이 아니었던)를 어리석게도 스스로 붙잡고 있었던 것 같다. 그 어리석음 때문에 나 스스로 남들의 시선에 부응하기 위해 최선을 다해 노력했던 것 같다. 앞서 말했듯이 난 머리가 뛰어나게 좋은 학생도 아니었다. 그런데 태생적으로 공부 잘하는 신화의 주인공이 되어 스스로 괴롭혔던 것이다. 그 학교에 재직할 때 다소 힘들었다고 기억하고 있다면, 아마도 나 자신이 내려놓지 못한 '과거 전교 1등의 영광을 가진 선생님'을 연기해야 했기 때문인지도 모른다.

그동안 내가 얼마나 불편한 옷을 입고 있었는지 아이들과 함께 반성적 쓰기를 활용하는 수업을 하면서 깨닫기 시작했다. 내 모습을 객관적으로 보게 된 것이다. 변화된 지금도 학생들과 동료 선생님들은 이렇게 물어본다.

"국어 선생님은 다 알지 않나요?"

"국어 선생님이니깐 글을 잘 쓰지 않나요?"

예전에는 이런 질문을 받으면 그러지 못한 나를 자책하며 부끄러워했을 것이다. 남들이 만들어놓은 국어 선생님의 이미지에 부응하기 위해 원래의 내 모습을 인정하지 않고 괴롭혔을 것 같다.

어느 날, 수업 도중 나는 칠판에 맞춤법을 틀리게 썼다. 장난기 많은 성훈이가 그냥 넘어가지 않았다. "국어 선생님이 철자 틀렸다!"라며 크게 소리쳤다. 그래서 나는 "우와! 성훈이가 선생님보다 철자에 대해 더 잘 안다!"라면서 선생님이 틀렸고 그것을 성훈이가 알려 주었다고 말했다. 그리고 성훈이를 향해 엄지손가락을 치켜세웠다. 그 사건 이후로 성훈이는 국어 수업 시간 태도가 바뀌었다. 내 부족함이 성훈이의 메타인지를 자극했던 것 같고, 성훈이는 그 과정을 재미있게 생각한 것 같았다.

여러 일을 겪으면서 아이들은 완벽한 어른을 좋아하지 않는다는 것을 알게 되었다. 오히려 아이들은 엉뚱하고 빈틈 있는 어른을 더 좋아한다. 아이들은 어른의 엉뚱함에서 친근함을 느끼고, 빈틈에서 자신감을 느낀다. 그리고 그 빈틈을 어떻게든 찾아내어 자신의 성장에 이용하는 영민함을 가졌다.

지금은 장난기 많은 성훈이와 복도에서 만나면 슬며시 웃음 섞인 눈빛을 주고받는다. 성훈이의 웃음은 '선생님의 실수를 알고 있지만 선생님의 체면을 생각해서 이쯤에서 봐 드릴게요'의 의미를 담고 있다는 것을 나는 안다. 그래서 나도 성훈이에게 '선생님의 실수도 눈감아 주더니 체면도 생각해 주는 성숙하고 멋진 아이구나'의 의미가 담긴 웃음을 보낸다.

성훈이도 여느 중2 친구들처럼 스마트폰 세상을 좋아하고 게임을 즐긴다. 하지만 메타인지를 활용할 줄 알며, 반성적 쓰기에 대해서도 긍정적인 시선을 갖고 있기에 성훈이의 멋진 앞날이 너무나 궁금하다.

참고자료

국내자료

- 과학기술정보통신부, NIA 한국지능정보사회진흥원, 2023
- 통계청 2024년 3월 14일자 보도 자료 「2023 초중고사교육비조사 결과」
- 김미숙 외, 『국어 교육의 이해』, 사회 평론, 2008
- 노자 원전, 오강남 풀이, 『도덕경』, ㈜현암사, 2002
- 《뉴스위크》, 2001년 10월 28일
- 류성기, 「초등 중학년 듣기 교재 메모 내용 분석 및 메모 방법 연구」, 한국초등국어교육학회, 2011. 04
- 리사 손, 『메타인지 학습법』, 21세기북스, 2019
- 리사 손, 『임포스터』, 21세기북스, 2020
- 만프레드 슈피처, 『노모포비아 스마트폰이 없는 공포』, 박종대 역, 더난출판, 2020
- 박영목 외, 『국어과 교수 학습론』, 교학사, 2001
- 박영민, 「반성적 텍스트의 효용성」, 『한국어문교육』 제12집, 한국어교육학회, 2003
- 박영민, 김종백, 우은실, 「반성적 쓰기 활동이 학생필자의 쓰기 능력 및 효능감에 미치는 영향」, 한국교육학연구, 2012. 01
- 사이토 다카시, 『메모의 재발견』, 비즈니스북스, 2017
- 손서영, 김영희, 「학령기 부모의 자기분화 수준과 심리적 통제의 관계에서 부모역량과 양육불안의 매개 효과」, 열린부모교육학회, 열린부모교육연구, 2020
- 송명자, 『발달심리학』, 학지사, 2008
- 신유식 외, 중학교 국어교과서 1-1, 미래엔, 2023

- 유민상, 이경상, 유성렬, 이수정, 「2023 아동·청소년 권리에 관한 국제협약 이행 연구-한국 아동·청소년 인권실태: 총괄보고서」, 한국청소년정책연구원, 2023
- 〈EBS 부모특강, 0.1%의 비밀〉
- EBS, 『학교란 무엇인가』, 중앙BOOKS, 2011
- 이혜정, 『대한민국의 시험』, 다산지식하우스, 2017
- 이혜정, 『서울대에서는 누가 A+를 받는가』, 다산에듀, 2014
- 이화도, 「유아교육과 메타인지: 개념적 접근과 교육적 시사점을 중심으로」, 유아교육학논집 제9권 제2호, 한국영유아교원교육학회, 2005
- 주영은, 『반성적 쓰기가 고등학생의 논술 쓰기 능력 및 쓰기 효능감에 미치는 영향』, 한국교원대학교 교육대학원, 2014
- 최미숙 외, 『국어 교육의 이해』, 사회평론, 2008
- M. Kay Alderman, 『성취동기』, 김종남·임선아 역, 학지사, 2015
- 토마스 거시기, 『벤저민 블룸의 완전학습의 길』, 유비온, 2015
- 피터 홀린스, 『메타인지로 키우는 공부력』, 일므디, 2022
- 한국고전종합DB 사이트 https://db.itkc.or.kr/
  - 이익, 『성호사설 제7권』, 인사문
  - 이익, 『성호사설 제22권』, 경사문
  - 이익, 『성호전집 제49권』, 논어질서
- 한국언론진흥재단 보도자료, 2022년 12월 1일
- 헨리 뢰디거 외, 『어떻게 공부할 것인가』, 와이즈베리, 2014
- 함민복, 『눈물을 자르는 눈꺼풀처럼』, 창비, 2013

해외자료

- Bandura, A., & Schunk, D. H. (1981). Cultivating competence, self-efficacy, and intrinsic interest through proximal motivation. *Journal of Personality and Social Psychology.*
- Chemers, M. M., Hu, L., & Garcia, B. F. (2001). Academic self-efficacy and first-year college students' performance and adjustment. *Journal of Educational Psychology.*
- Flavell, J. H., Miller, P. H., & Miller, S. A. (1993). *Cognitive development.* Englewood Cliffs, NJ: Prentice-Hall.
- Kammerl, R., Unger, A., Günther, S., & Schwedler, A. (n.d.). BYOD-Start in die nächste Generation. Abschlussbericht der wissenschaftlichen Evaluation des Pilotprojekts. Hamburg: Universität Hamburg.
- Joo, Y., Bong, M., & Choi, H. (2001). Self-efficacy for self-regulated learning, academic self-efficacy, and internet self-efficacy in web-based instruction. *Educational Technology Research and Development.*
- Krauss, R. M., & Glucksberg, S. (1977). Social and nonsocial speech. *Scientific American. 236(5)*, 100-105
- Pintrich, P. R., & De Groot, E. V. (1990). Motivation and self-regulated learning components of classroom academic performance. *Journal of Educational Psychology.*
- Zimmerman, B. J., Bandura, A., & Martinez-Pons, M. (1992). Self-motivation for academic attainment: The role of self-efficacy beliefs and personal goal setting. *American Educational Research Journal.*
- Zimmerman, B. J., & Martinez-Pons, M. (1990). Student differences in self-regulated learning: Relating grade, sex, and giftedness to self-efficacy and strategy use. *Journal of Educational Psychology.*

부록

✳ 반성적 쓰기 노트 활용법 ✳

1. 반성적 쓰기 노트(1단계)는 초보자용으로 '객관화'에
   대한 개념을 갖고 자기 모습을 객관적으로 적는다.

2. 반성적 쓰기 노트(2단계)는 숙련자용으로 활용도를
   높이기 위해 5단계로 세분하였다. 체계적으로 공부를
   복습하고, 자기 모습에 대한 점검과 전략을 짤 수 있다.

3. 수학 반성적 쓰기 노트(3단계)는 응용편으로
   어려운 난이도의 문제를 깊이 있게 생각하고
   문제 푸는 연습을 할 수 있다.

4. 서술형 평가 반성적 쓰기 노트(3단계) 역시
   응용편으로 학교 시험을 대비해 자신의 실력을
   점검하는 전략(자기 점검 형성 평가)으로 활용할 수 있다.

   ※ 복사하여 사용하세요.

반성적 쓰기 노트 (1단계)

날짜	
학습 목표	

반성적 쓰기

• 자신의 공부 모습을 객관적으로 적어 보세요.

반성적 쓰기 노트 (2단계)

날짜	
학습 목표	

반성적 쓰기

• 오늘 공부한 내용을 요약해 보세요.

〈이미 알고 있는 내용〉

〈새로 알게 된 내용〉

• 자신의 공부 모습을 객관적으로 적어 보세요.

• 오늘 공부한 내용이 이해가 잘 되었는지
  자기 점검 리스트를 보면서 판단한 후 그 내용을 적어 보세요.

– 자기 점검 리스트 –

1. 배운 내용(개념)에 대해서 자신의 언어로 표현할 수 있는가?
2. 배운 내용(개념)을 실생활(새로운 것)에 적용(활용)할 수 있는가?

• 부족한 부분을 채우기 위한 공부 전략을 세워 보세요.

• 오늘 자신의 공부 모습을 생각하며 자신의 감정을 솔직하게 적어 보세요.

수학 반성적 쓰기 노트 (3단계)

날짜	
학습 목표	

수학 문제 선별 및 문제 풀이

• 수학 문제 중 1문제를 선택하여 문제를 적어 주세요.

• 위 문제의 풀이 과정을 스스로 적어 주세요.

반성적 쓰기

• 처음에 풀었을 때 틀린 이유를 분석하여 적어 보세요.

• 다시 풀었을 때 맞게 된 이유를 분석하여 적어 보세요.

• 오늘 자신의 공부 모습을 생각하며 자신의 감정을 솔직하게 적어 보세요.

서술형 평가 반성적 쓰기 노트 (3단계)

날짜	
학습 목표	

서술형 평가

• 단원 제목으로 문제를 만들어 주세요.

• 위 문제의 답을 적어 주세요.

• 위 문제에 대한 평가를 스스로 해 봅니다.
  (교과서, 참고서 등을 활용하여 틀린 부분을 표시하기)

반성적 쓰기

• <u>답을 작성할 때 기억이 잘 나는 부분에 대해 작성해 주세요.</u>

• <u>답을 작성할 때 기억이 잘 나지 않는 부분에 대해 작성해 주세요.</u>
  <u>기억이 잘 나지 않는 이유에 대해서 작성해 주세요.</u>

• <u>기억이 잘 나지 않는 문제점을 해결하기 위해</u>
  <u>어떤 공부 전략을 사용해야 할지 적어 주세요.</u>

• <u>오늘 자신의 공부 모습을 생각하며 자신의 감정을 솔직하게 적어 보세요.</u>

쓰기 공부법

초판 1쇄 발행 2025년 1월 10일
지은이 주영은
펴낸이 서재필

펴낸곳 마인드빌딩
출판신고 2018년 1월 11일 제395-2018-000009호
이메일 mindbuilders@naver.com

ISBN 979-11-92886-74-9 (03370)

마인드빌딩에서는 여러분의 투고 원고를 기다리고 있습니다.
출판하고 싶은 원고가 있는 분은 mindbuilders@naver.com으로
기획 의도와 간단한 개요를 연락처와 함께 보내주시기 바랍니다.